AF340732

BIOGRAPHIE

DES CONTEMPORAINS,

PAR NAPOLÉON.

DE L'IMPRIMERIE DE A. GUYOT,
RUE MIGNON SAINT-ANDRÉ-DES-ARCS, N° 2.

BIOGRAPHIE

DES

CONTEMPORAINS,

PAR

NAPOLÉON.

PARIS,

CHEZ PONTHIEU, LIBRAIRE, PALAIS-ROYAL,

GALERIE DE BOIS, N° 44.

1824.

AVIS DES ÉDITEURS.

De tous les hommes supérieurs que la révolution française a fait éclore, il n'en fut point d'aussi habile à juger les hommes que l'empereur Napoléon, lorsque la passion ne l'aveuglait pas, ou que des préventions n'égaraient pas la justesse naturelle de son esprit.

Recueillir et réunir en un seul volume tous les jugemens qu'il a prononcés sur les contemporains, durant son exil, lorsque les passions devaient être loin de lui, et que les préventions s'effaçaient par le temps et la distance, était donc un ouvrage que notre siècle et la postérité attendaient; car rien de ce qu'a dit Napoléon, ne peut être indifférent.

Ces jugemens sont, en général, sévères; mais nous avons dû les conserver tels que nous les avons trouvés écrits dans les *Mémoires de MM. de*

Las Cases, *de Montholon*, *Gourgaud*, *O'Méara*, et dans les autres ouvrages authentiques. Ce n'est pas de ces généreux compagnons d'exil de Napoléon que pourront se plaindre les personnes qu'il a traité avec rigueur; leur caractère est un sûr garant qu'ils n'ont fait que rapporter fidèlement les paroles du prisonnier de Sainte-Hélène : ce n'est pas de nous non plus, puisque nous nous sommes imposé la loi de ne rien changer au texte, excepté dans les seuls cas où il serait resté inintelligible pour les lecteurs qui n'auraient pas les *Mémoires* sous les yeux.

Nous avons divisé en deux classes les paragraphes dont se composent chaque article : ceux littéralement dictés par Napoléon ou écrits par lui-même, nous les avons distingués en les entourant de *guillemets;* les autres sont ceux recueillis dans les conversations, avec la bonne foi que l'on se plaît à reconnaître chez ceux qui nous les ont transmis.

Le sommaire biographique dont nous avons

fait précéder chacune des opinions de Napoléon, n'est point venu de l'île Sainte-Hélène ; c'est un complément que nous avons jugé indispensable.

Nous avons fait cette singulière compilation avec toute l'impartialité que nous devions y porter. Si, par inadvertance, il s'y était glissé quelques erreurs, ou que nous eussions fait quelques omissions, on nous trouvera toujours prêts à les réparer.

BIOGRAPHIE

DES CONTEMPORAINS,

PAR NAPOLÉON.

A.

ALDOBRANDINI- BORGHÈSE (Prince), frère cadet du prince *Camille* BORGHÈSE, est né à Rome en 1777. Comme son frère, partisan de la révolution française, il s'enrôla sous les drapeaux de la République, dès que les Français eurent remporté quelques avantages en Italie. A son avénement au trône, Napoléon le nomma chef d'escadron dans sa garde. Il se fit remarquer à la bataille d'Austerlitz; fit les campagnes de 1806, 1807 et 1809; se distingua et fut blessé à Wagram, et obtint le grade de général de brigade en 1811. Il a épousé la fille de la comtesse Alexandre de La Rochefoucauld.

« Je le donnai comme écuyer à Marie-Louise. Lors des malheurs de 1814, il ne répondit pas au dévouement que l'Impératrice avait droit d'en

attendre : il la déserta sans prendre congé. »
(*Las Cases*, t. I, p. 386.)

ALEXANDRE-PAULOWITZ, premier du nom, Empereur autocrate de toutes les Russies, et roi de Pologne. Ce prince, fils aîné de Paul Ier et de Sophie-Dorothée-Marie de Wurtemberg-Stuttgard, est né le 24 décembre 1777. Il épousa, le 9 octobre 1793, Elisabeth-Alexiewna (Louise-Marie-Auguste de Bade), et monta sur le trône, le 24 mars 1801. Alexandre est l'élève du colonel La Harpe, du pays de Vaud.

« C'est un homme infiniment supérieur à l'empereur François et au roi de Prusse. Il a de l'esprit, de la grace, de l'instruction ; est facilement séduisant ; mais on doit s'en défier : il est sans franchise ; c'est un vrai *grec du Bas-Empire*. Toutefois, n'est-il pas sans idéologie réelle ou jouée ; ce ne serait du reste, après tout, que des teintes de son éducation et de son précepteur. « Croira-t-on jamais, disait Napoléon, ce que j'ai eu à débattre avec lui ? il me soutenait que l'hérédité était un abus dans la souveraineté, et j'ai dû passer plus d'une heure et user toute mon éloquence et ma logique à lui prouver que cette hérédité était le repos et le bonheur des peuples.

Peut-être aussi me mystifiait-il; car il est fin, faux, adroit........ il peut aller loin. Si je meurs ici, ce sera mon véritable héritier en Europe. Moi seul pouvais l'arrêter avec son déluge de Tartare, etc., etc. » (*Las Cases*, t. II, p. 365 et 366.)

— « L'empereur a plus de talent que ses deux autres alliés. C'est un homme adroit, très-ambitieux, et qui cherche à se rendre populaire. C'est son faible de se croire savant dans l'art de la guerre, et il n'aime rien tant qu'à s'entendre complimenter là-dessus; bien que toutes les opérations militaires qu'il a dirigées lui-même, aient été jugées fausses et funestes. A Tilsitt, Alexandre et le roi de Prusse s'occupaient beaucoup à inventer des uniformes pour des hussards et des dragons, et de discuter si la croix des ordres devait être suspendue à tel ou tel bouton. Tous les jours nous sortions tous les trois à cheval. Il nous arrivait souvent, l'empereur Alexandre et moi, de prendre le galop, et d'abandonner le roi de Prusse, que nous laissions ainsi derrière nous. » (*O' Méara.*, t. I, p. 238.)

— « Alexandre est plein de graces, et se trouverait de niveau avec tout ce qu'il y a de plus aimable dans le salon de Paris. » (*Las Cases*, t. IV, p. 265.)

— A Erfurt comme à Tilsitt, Alexandre et Napoléon se donnèrent les plus grandes marques d'attention. Alexandre y proféra hautement les sentimens d'une amitié tendre et d'une admiration véritable. Ils passèrent ensemble quelques jours dans le charme d'une intimité parfaite et les communications les plus familières de la vie privée. (*Las Cases*, t. IV, p. 265.)

— « Si je l'eusse voulu, disait Napoléon, Alexandre m'eût certainement donné sa sœur en mariage ; sa politique l'y eût déterminé, si même son inclination n'y avait pas été. Il fut saisi en apprenant le mariage avec l'Autriche, et s'écria : « Me voilà renvoyé dans mes forêts. »

— « Si l'affection d'Alexandre a été sincère pour moi, c'est l'intrigue qui me l'a aliéné...... Alexandre est fort susceptible, on l'aura facilement aigri. Ce qu'il y a de certain, c'est qu'il s'est plaint amèrement au congrès de Vienne que je m'étais égayé à son sujet ; que je l'avais accablé de ridicules, et pourtant rien n'était plus faux ; il me plaisait et je l'aimais. » (*Las Casse*, t. IV, p. 267 et 268.)

(5)

ANTRAIGUES (Delauney , comte d'). Son véritable nom était *Audenel.* Il fit encore du nom d'*Entre-Aigues*, petite propriété qu'il eût en héritage , d'abord *Entraigues,* et ensuite *Antraigues;* il est plus connu sous ce dernier nom. Quoiqu'il ne fût pas noble , d'Antraigues trouva le moyen de se faire nommer député de la noblesse de la sénéchaussée de Villeneuve-de-Berg , aux États-Généraux. Ses opinions, au moment de la révolution , lui firent donner le surnom du *beau Conjuré* , qu'il justifia encore peu d'années après , mais hors de sa patrie , et pour des intérêts différens. En Italie , il paraît avoir servi à-la-fois l'Angleterre , S. M. Louis XVIII , et la Russie.

— « Le comte d'Antraigues, de beaucoup d'esprit , intrigant et doué d'avantages extérieurs , avait acquis une certaine importance au commencement de notre révolution ; membre du côté droit de la Constituante , il émigra lors de sa dissolution , et se trouvait dans Venise , au moment où nous menacions cette ville , sous un titre diplomatique russe ; il y était l'ame et l'agent de toutes les machinations qui se tramaient contre la France. Quand il jugea le péril de cette république , il voulut s'évader ; mais il tomba dans un de nos postes , et fut pris avec tous ses papiers. Le général en chef nomma une commission spéciale pour en faire le dépouillement, et l'on demeura fort étonné des mystères qu'ils découvrirent : on y trouva entre autres, toutes les preuves de la trahison de Pichegru, qui avait sacrifié ses soldats pour faciliter les opérations de l'ennemi, le plus grand crime qu'un homme puisse commettre sur la terre, celui de faire égorger froidement les hommes dont la vie est confiée à votre discrétion et à votre honneur.

« Le comte d'Antraigues, une fois ses secrets découverts, s'exprima avec tant de franchise et d'adresse, que Napoléon croyant l'avoir gagné, ou plutôt se laissant gagner lui-même, le traita avec la dernière indulgence ; le défendit contre le Directoire, qui insistait pour le faire fusiller ; et le laissa libre sur parole dans Milan. Quelle ne fut pas la surprise et l'indignation de Napoléon, en apprenant, un matin, que M. d'Antraigues venait de s'évader en Suisse, et publiait un libelle infâme contre lui, lui reprochant les mauvais traitemens qu'il en avait reçus ; se plaignant d'en avoir été mis aux fers. Cette imposture causa un tel scandale, que plusieurs diplomates étrangers, qui avaient été témoins du contraire, le témoignèrent spontanément dans une déclaration publique. »

— Ce comte d'Antraigues est mort plus tard en Angleterre d'une manière affreuse, assassiné par son valet-de-chambre, à la vue de sa femme, la célèbre chanteuse Sainte-Huberti. (*Las Cases*, t. IV, p. 355 et 357.)

AUBRY (François), né à Paris, fils d'un négociant propriétaire, au Théral en Provence; capitaine d'artillerie en 1789. Aubry se prononça vivement pour la cause de la révolution, et fut élu, en septembre 1792, par le département du Gard, député à la Convention nationale. L'un des 73 conventionnels que *La Montagne* fit mettre en arrestation. Réintégré au 15 germinal, il entra au comité du salut public, et succéda à Carnot. Il fit ensuite cause commune avec les membres du parti *clichien*, et favorisa les ennemis les plus prononcés de la révolution, en les faisant appeler aux emplois publics. Aubry fut arrêté au 18 fructidor, et condamné à la déportation à Cayenne, d'où il s'échappa avec Pichegru et plusieurs autres députés. Il passa aux États-Unis, et de là en Angleterre où il mourut.

— « Les événemens de thermidor ayant amené un changement dans les comités de la Convention, *Aubry*, ancien capitaine d'artillerie, se trouva diriger celui de la guerre, et fit un nouveau tableau de l'armée; il ne s'y oublia pas; il se fit général d'artillerie, et favorisa plusieurs de ses anciens camarades, au détriment de la queue du corps, qu'il réforma. Aubry n'avait jamais vu le feu. » (*Las Cases*, t. I, p. 203.)

AUGEREAU (Pierre - François - Charles), né à Paris, le 11 novembre 1757. Il s'engagea comme carabinier dans les troupes Napolitaines, et y servit comme simple soldat jusqu'en 1787. Il y exerça ensuite la profession de maître d'escrime jusqu'en 1792, époque à laquelle tous les Français suspects eurent ordre de quitter le territoire napolitain : servit alors comme volontaire dans l'armée républicaine du Midi, et passa rapidement de grade en grade, jusqu'à celui de général de brigade, qu'il obtint par sa valeur en 1794. Deux ans après il fut employé comme général de division à l'armée d'Italie. Maréchal d'Empire à la création, et duc de Castiglione.

« Augereau, né au faubourg Saint - Marceau, était sergent au moment de la révolution. Ce devait être un sous-officier distingué, puisqu'il fut choisi pour aller à Naples instruire les troupes napolitaines. Il servit d'abord dans la Vendée ; il fut fait général dans l'armée des Pyrénées-Orientales, où il commanda une des principales divisions. A la paix avec l'Espagne, il conduisit sa division à l'armée d'Italie, et y fit toutes les campagnes sous Napoléon, qui l'envoya, pour le 18 fructidor, à Paris. Le Directoire ensuite lui donna le commandement en chef de l'armée du Rhin. Il était incapable de se conduire, il n'avait point d'instruction, peu d'étendue dans l'esprit, peu d'éducation, mais il

maintenait l'ordre et la discipline parmi ses soldats, il en était aimé. Ses attaques étaient régu-
lières et faites avec ordre. Il divisait bien ses colonnes, plaçait bien ses réserves, se battait avec
intrépidité : mais tout cela ne durait qu'un jour ;
vainqueur ou vaincu, il était le plus souvent découragé le soir, soit que cela tînt à la nature de
son caractère, ou au peu de calcul et de pénétration de son esprit. Ses opinions politiques
l'attachaient au parti de Babeuf, à celui des
anarchistes les plus prononcés. Il était entouré
d'un bon nombre d'entre eux. Il fut nommé député au Corps-Législatif en 1798, se mit dans
les intrigues du manège ; il y fut souvent ridicule. Les gens de ce parti n'étaient point sans
instruction ; personne n'était moins propre que
lui aux discussions politiques et aux affaires civiles, dont il aimait à se mêler. Il fut, sous
l'empire, duc de Castiglione, et maréchal de
France. » (*Montholon*, t. III, p. 229.)

— « Augereau, tout au rebours de Masséna
(*Voy.* Masséna à la citation du tome I, p. 363
de *Las Casès*), était fatigué et comme découragé
par la victoire même ; il en avait toujours assez.
Sa taille, ses manières, ses paroles, lui don-
naient l'air d'un bravache ; ce qu'il était bien
loin d'être quand une fois il se trouva gorgé

d'honneurs et de richesses, lesquelles d'ailleurs il s'adjugeait de toutes mains et de toutes les manières. » (*Las Cases*, t. I, p. 364.)

— « Depuis long-temps, chez lui, le maréchal n'était plus le soldat ; son courage, ses vertus premières l'avaient élevé très-haut hors de la foule ; les honneurs, les dignités, la fortune l'y avaient replongé. Le vainqueur de Castiglione eût pu laisser un nom cher à la France ; mais elle réprouvera la mémoire du défectionnaire de Lyon, ainsi que celle de tous ceux qui en ont agi comme lui, à moins qu'ils ne réparent les torts faits à la patrie par de nouveaux services rendus à la patrie. » (*Las Cases*, t. VII, p. 207.)

— « Augereau, Masséna, Brune, et beaucoup d'autres, étaient des déprédateurs intrépides. » (*Las Cases*, t. III, p. 279.)

— « Augereau devait sa conduite à son peu de lumière et à son mauvais entourage. » (*Las Cases*, t. I, p. 412.)

B.

BAILLY (Jean-Sylvain), né à Paris, le 15 septembre 1736. Membre de l'Académie française, de celle des inscriptions et belles-lettres, et de l'Académie des sciences ; garde honoraire des tableaux du Roi. Député aux États-Généraux, en 1789, il en fut nommé président ; le surlendemain de la prise de la Bastille, le conseil permanent le nomma maire de Paris. Le lendemain, Bailly reçut le Roi à l'Hôtel-de-Ville, et lui présenta la cocarde tricolore. Retiré des affaires pendant deux ans, il fut ensuite arrêté à Melun, transféré à Paris, mis en jugement, et exécuté le 12 novembre 1793.

— « Bailly n'avait point été méchant, mais bien un niais politique *. » (*Las Cases*, tom. IV, p. 202.)

---

* Le dimanche 15 septembre 1816, M. de Las Cases se trouvant seul avec Napoléon, et s'étant mis à lui faire certaines peintures à la suite desquelles il suggéra quelques idées, Napoléon les a repoussées en se moquant fort de lui : « Allons, allons, mon cher, lui a-t-il dit, vous êtes un *niais;* et ne vous fâchez pas de l'épithète, a-t-il repris aussitôt, je ne la prodigue pas à tout le monde ; elle est toujours, de ma part, un brevet d'honnête homme. » (*Las Cases*, t. VI, p. 207.)

BARBANÈGRE, né le 22 août 1772, à Pontacq, petite ville du Béarn. D'abord marin, puis capitaine dans le 5e bataillon des Basses-Pyrénées ; chef de bataillon dans la garde consulaire ; colonel du 48e de ligne, général de brigade.

— « Que de belles actions ont été se perdre dans la confusion de nos désastres, ou même dans la multiplicité de celles que nous avons produites, disait Napoléon ! et il mettait au premier rang l'extraordinaire et singulière défense d'Huningue, par l'intrépide Barbanègre. » (*Las Cases*, t. IV, p. 151.)

BARÈRE DE VIEUZAC (BERTRAND), né à Tarbes le 10 septembre 1755. Avocat au Parlement de Toulouse, membre de l'Académie des jeux floraux, député de la sénéchaussée de Bigorre aux États-Généraux. En 1790, Barère publia, sous le titre d'*Étrennes au peuple*, la déclaration des droits de l'homme et du citoyen. Député à la Convention en 1792. Condamné à la déportation, il s'échappa des prisons de Saintes. Sa nomination en 1795 au Corps-Législatif, et sa candidature au Sénat, dix ans après, furent rejetées. Il reparut sur la scène politique comme membre de la Chambre des cent jours, et fut compris dans l'ordonnance de bannissement de 1815.

« Barère n'avait pas de caractère prononcé ; c'était un homme qui changeait de parti à volonté, et les servait tous successivement. Il passe pour avoir du talent. Je ne l'ai pas jugé ainsi. Je me suis servi de sa plume ; il n'a pas montré beaucoup d'habileté. Il employait volontiers les fleurs de rhétorique ; mais ses argumens n'avaient aucune solidité ; rien que *coglionorie* enveloppées dans des termes élevés et sonores. » (*O' Méara* , t. II , p. 136.)

BARRAL (le comte LOUIS-MATHIAS DE), né à Grenoble, le 20 avril 1746, nommé à l'évêché de Meaux, en 1802, et à l'archevêché de Tours, en 1805 ; aumônier de l'impératrice Joséphine ; pair de France par le Roi, et déclaré démissionnaire par ordonnance du 24 juillet 1815. Mort d'une attaque d'apoplexie, le 7 juin 1816.

— « Homme de beaucoup d'instruction, et qui nous a servis dans nos différends avec le pape : il m'est toujours demeuré fort attaché. » (*Las Cases*, t. V, p. 442).

— A l'une des grandes audiences , l'empereur apercevant l'archevêque de Tours lui parla très-vivement de nos affaires avec le pape ; et comme l'archevêque, fort embarrassé de sa contenance, voulait balbutier quelques paroles , « Vous êtes en dehors de tout ceci, M. l'archevêque, reprit l'empereur, d'une voie toute radoucie ; je partage vos doctrines, j'honore votre piété, je respecte votre caractère. » (*Las Cases*, t. V, p. 442.)

BARRAS (Paul-François-Jean-Nicolas, comte de), né le 30 juin 1755 , à Fox, département du Var, d'une famille dont on dit proverbialement en Provence : *noble comme les Barras*. S'embarqua , jeune encore, pour l'île de France ; passa ensuite dans l'Inde , revint en France après la capitulation de Pondichéry par le général Bellecombe ; retourna dans l'Inde avec M. de Suffren, revint en France, où il se déclara un des apôtres les plus ardens des idées nouvelles. Il figura dans les assemblées bailliagères du Tiers-État , tandis que son frère siégeait dans celles de la noblesse.

— « Barras, d'une des bonnes familles de Provence , était officier au régiment de l'île de France ; à la révolution, il fut nommé député à la Convention nationale, par le département du Var. Il n'avait aucun talent pour la tribune, et nulle habitude de travail. Après le 31 mai, il fut nommé, avec Fréron, commissaire à l'armée d'Italie et en Provence, alors le foyer de la guerre civile. De retour à Paris, il se jeta dans le parti thermidorien ; menacé par Robespierre, ainsi que Tallien et tout le reste du parti de Danton, ils se réunirent et firent la journée du 9 thermidor. Au moment de la crise, la Convention le nomma pour marcher contre la commune qui s'était insurgée en faveur de Robespierre ; il réussit.

« Cet événement lui donna une grande célébrité. Tous les thermidoriens, après la chute de Robespierre, devinrent les hommes de la France.

« Le 12 vendémiaire, au moment de la crise, on imagina, pour se défaire subitement des trois commissaires près de l'armée de l'intérieur, de réunir dans sa personne les pouvoirs de commissaire et ceux de commandant de cette armée ; mais les circonstances étaient trop graves pour lui, elles étaient au-dessus de ses forces : Barras n'avait pas fait la guerre, il avait quitté le service n'étant que capitaine ; il n'avait d'ailleurs aucune connaissance militaire.

« Les événemens de thermidor et de vendémiaire le portèrent au directoire : il n'avait point les qualités nécessaires pour cette place. Il fit mieux que ceux qui le connaissaient n'attendaient de lui.

— « Il donna de l'éclat à sa maison ; il avait un

train de chasse, et faisait une dépense considérable. Quand il sortit du Directoire, au 18 brumaire, il lui restait encore une grande fortune ; il ne la dissimulait pas. Cette fortune n'était pas, il s'en faut, de nature à avoir influé sur le dérangement des finances ; mais la manière dont il l'avait acquise, en favorisant les fournisseurs, altéra la morale publique.

« Barras était d'une haute stature ; il parla quelquefois dans des momens d'orage, et sa voix couvrait alors la salle. Ses facultés morales ne lui permettaient pas d'aller au-delà de quelques phrases. La passion avec laquelle il parlait, l'aurait fait prendre pour un homme de résolution. Il ne l'était point ; il n'avait aucune opinion faite sur aucune partie de l'administration publique.

« En fructidor, il forma avec Rewbell et Laréveillère-Lépaux, la majorité contre Carnot et Barthélemy. Après cette journée, il fut, en apparence, l'homme le plus considérable du Directoire ; mais, en réalité, c'était Rewbell qui avait la véritable influence des affaires. Barras soutint constamment en public, le rôle d'un ami chaud de Napoléon. Lors du 3o prairial, il eut l'adresse de se concilier le parti dominant de l'Assemblée, et ne partagea pas la disgrace de ses collégues. » (*Las Cases*, t. IV, p. 165, 166, 167 et 168.)

— « Barras était un homme violent, de peu de science et de résolution ; léger et loin de mériter la réputation dont il jouissait ; la violence de ses manières et l'éclat de sa voix, lorsqu'il commençait un discours, semblaient donner une toute autre idée de lui que celle qui est généralement reçue. » (*O' Méara*, t. I, p. 180.)

BATAGLIA, l'un des nobles Vénitiens inscrits sur le livre d'or.

« Le provéditeur Bataglia, homme souple, instruit ; des manières douces ; sincèrement attaché à sa république ; très-porté pour la France d'autrefois, et préférant même la France républicaine à l'Autriche, fut nommé, par le sénat, provéditeur général de toutes les provinces vénitiennes au-delà de l'Adige, et envoyé comme tel près de Napoléon. » (*Las Cases*, t. IV, p. 26.)

— « C'est au provéditeur Bataglia qu'on attribue l'opinion qui se manifesta dans le sénat, au moment de la crise qui menaçait l'Italie, lors de l'invasion des armées de la république française ; opinion qui, du reste, ne prévalut pas. « Armons

nos places, s'écriait Bataglia, équipons nos flot-
tes, levons cinquante mille hommes, et courons
au-devant du général français lui offrir une alliance offensive et défensive : nous serons peut-
être par-là conduits à quelques changemens à
notre constitution ; mais nous sauverons notre
indépendance et notre liberté. Entre deux maux
inévitables, sachons choisir le moindre, le pire
à mes yeux est l'esclavage de l'Autriche. » Cette
résolution était trop grande pour des gens dégé-
nérés, incapables de grandes pensées. » (*Las
Cases*, t. IV, p. 20 et 23.)

— « Lorsque les Français se virent forcés de
déclarer la guerre à la république de Venise, et
qu'ils en occupèrent la capitale, Bataglia regretta
sincèrement la perte de sa patrie. Blâmant depuis long-temps la marche qu'on avait suivie, il
n'avait que trop prévu cette catastrophe, et mourut à quelque temps de là. » (*Las Cases*, t. IV,
p. 49.)

BATHURST (N. comte de). Il ne faut pas le confondre avec lord Bathurst, évêque de Norwich. Le comte Bathurst est le président du commerce, ministre de la guerre et des colonies de l'Angleterre, l'un des plus ardens et des moins exposés des ennemis de Napoléon : il poursuivit avec violence, et sans beaucoup de danger, le conquérant qui épouvantait l'Europe.

— « Ce mauvais dogue, disait Napoléon, à la pâture duquel il semble qu'on nous ait livrés, ce lord B......., il ne m'est donné de pouvoir le juger d'ici que d'après ses actes envers moi. Or, à ce titre, je le tiens pour le *v..*, *le plus b..*, *le plus l... des hommes.* La brutalité de ses déterminations, la grossièreté de ses expressions, le choix infâme de son agent, m'autorise à le prononcer ainsi. » (*Las Cases*, t. VII, p. 263.)

BAUSSET (LOUIS-FRANÇOIS DE), né à Pondichéry le 14 décembre 1748. Evêque d'Alais en 1784. Se déclara contre la Constitution civile du clergé, et émigra. Rentra en France, sous le Consulat ; fut nommé chanoine du chapitre impérial de Saint-Denis. Conseiller de l'Université. Cardinal. Pair de France en 1815 ; membre de l'Académie en 1816.

— « Je n'avais fait nulle difficulté de mettre l'évêque de Bausset au nombre des dignitaires de l'Université, et je ne doute pas qu'il ne fût un de ceux qui s'y conduisaient le plus sincèrement dans mes intentions.» (*Las Cases*, t. V, p. 110.)

BEAUHARNAIS (Joséphine - Rose Tascher de la Pagerie), née à la Martinique le 24 juin 1763. Fort jeune encore, elle fut conduite en France par son père, pour y être mariée au vicomte Alexandre de Beauharnais, dont elle eut deux enfans, Eugène et Hortense. Son premier mari ayant péri sur l'échafaud révolutionnaire, Joséphine épousa, en 1796, le général Napoléon Bonaparte. Elle fut ainsi impératrice des Français et reine d'Italie, jusqu'au moment de son divorce avec Napoléon. Joséphine mourut le 29 mai 1814.

— « Napoléon disait qu'il avait été fort occupé dans sa vie de deux femmes très - différentes : l'une était l'art et les graces ; l'autre, l'innocence et la simple nature ; et chacune avait bien son prix.

« Dans aucun moment de la vie, la première (Joséphine) n'avait de position ou d'attitude qui ne fussent agréables ou séduisantes ; il eût été impossible de lui surprendre ou d'en éprouver jamais aucun inconvénient ; tout ce que l'art peut imaginer en faveur des attraits, était employé par elle, mais avec un tel mystère, qu'on n'en apercevait jamais rien. L'autre, au contraire, ne soupçonnait même pas qu'il pût y avoir rien à gagner dans d'innocens artifices. L'une était toujours à côté de la vérité, son premier mouvement était la négative ; la seconde ignorait le mensonge, tout détour lui était étranger. La première ne demandait jamais rien à son mari, mais elle devait partout ; la seconde n'hésitait pas à demander quand elle n'avait plus, ce qui était fort rare, elle n'aurait pas cru devoir rien prendre sans payer aussitôt. Du reste, toutes les deux étaient bonnes, douces, fort attachées à leur mari, qui les avait constamment trouvées de l'humeur la plus égale, et d'une complaisance absolue. » (*Las Cases*, t. I, p. 383.) (*Voy.* MARIE-LOUISE.)

— « Joséphine croyait aux pressentimens, aux sorciers : il est vrai qu'on lui avait prédit dans son enfance qu'elle ferait une grande fortune, qu'elle serait souveraine.

« Une autre nuance caractéristique de Joséphine, était sa constante dénégation. Dans quelque moment que ce fût, quelque question qu'on lui fît, son premier mouvement était la négative, sa première parole, *non ;* mais ce *non* n'était pas précisément un mensonge, c'était une

précaution, une simple défensive. » (*Las Cases,*
t. III, p. 357 et 358.)

— « Joséphine avait à l'excès le goût du luxe, le
désordre, l'abandon de la dépense, naturels aux
créoles. Il était impossible de jamais fixer ses
comptes ; elle devait toujours : aussi c'était constamment de grandes querelles quand le moment
de payer ses dettes arrivait. On l'a vue souvent
alors envoyer chez ses marchands leur dire de
n'en déclarer que la moitié. Il n'est pas jusqu'à
l'île d'Elbe où des mémoires de Joséphine ne
soient venu fondre sur Napoléon, de toutes les
parties de l'Italie. » (*Las Cases*, t. III, p. 356.)

— « Joséphine était la plus aimable et la meilleure des femmes, mais elle ne se mêlait jamais
de politique.

— « Joséphine est morte riche d'environ dix-
huit millions de francs. Elle était la plus grande
protectrice des beaux-arts qu'on ait jamais connu
en France, depuis bien des années. Elle avait
fréquemment de petites querelles avec Denon et
moi, parce qu'elle voulait se procurer, aux dé-
pens du Musée, de belles statues et des tableaux
pour sa galerie. Joséphine était la grace person-
nifiée ; tout ce qu'elle faisait, elle le faisait avec
une gracieuse délicatesse. Sa toilette était un arsenal complet, et elle se défendait avec beau-

coup d'art contre les assauts du temps. » (*O'
Méara*, t. II, p. 80.)

BEAUHARNAIS (Eugène de), fils du général Alexandre
de Beauharnais, et de Joséphine Tascher de la Pagerie.
Eugène est né en Bretagne, le 3 septembre 1780. Lorsque
sa mère eût épousé le général Bonaparte, Eugène entra
dans la carrière militaire en qualité d'aide-de-camp de son
beau-père ; il le suivit en Egypte : fut fait chef d'escadron
de la garde en 1800 ; colonel du même régiment, et général de brigade en 1804. Prince français et archi-chancelier
d'état, le 1er février 1805, et enfin vice-roi d'Italie à la fin
de la même année. A la restauration, il prit le titre de
prince de Leuchtemberg. Il vient de mourir en Bavière.

— « Lors de la terreur, Joséphine étant en prison, son mari mort sur l'échafaud, Eugène son fils
avait été mis chez un menuisier, et y fut littéralement en apprentissage et en service. » (*Las
Cases*, t. III, p. 358.)

— « Il est rare et difficile de réunir toutes les
qualités nécessaires à un grand général. Ce qui est
le plus désirable, c'est que chez lui l'esprit soit
en équilibre avec le caractère ou le courage. Si
le courage est de beaucoup supérieur, le général entreprend vicieusement au delà de ses con-

ceptions ; et au contraire il n'ose pas les accom-
plir, si son caractère ou son courage demeure
au-dessous de son esprit. Cet équilibre était le
seul mérite du *vice-roi*, et suffisait néanmoins
pour en faire un homme très-distingué. » (*Las
Cases*, t. II, p. 17.)

BEAUHARNAIS (Hortense-Eugénie de), née à Paris
le 10 avril 1783 ; fille du général vicomte Alexandre de
Beauharnais, et de Joséphine Tascher de la Pagerie. La
Politique de Napoléon et de Joséphine fut cause du ma-
riage d'Hortense avec Louis Bonaparte ; leurs enfans de-
vaient être adoptés par Napoléon. Hortense fut reine de
Hollande. Elle porte maintenant le nom de comtesse de
Saint-Leu.

— « Lors de la terreur, Joséphine étant en prison, son mari mort sur l'échafaud, Eugène, son
fils, avait été mis chez un menuisier, et y fut littéralement en apprentissage et en service. Hortense ne fut guère mieux, elle fut mise, si je
ne me trompe, disait Napoléon, chez une ou-
vrière en linge. » (*Las Cases*, t. III, p. 358.)
— « On avait fait courir les bruits les plus ridicules sur les rapports entre Napoléon et Hortense ; mais de pareilles liaisons n'étaient, di-

sait l'empereur, ni dans mes idées, ni dans mes mœurs....

« Toutefois, Hortense, si bonne, si généreuse, si dévouée, n'est pas sans avoir eu quelques torts envers son mari. Elle montrait des caprices et affectait de l'indépendance. » (*Las Cases*, t. III, p. 364 et 365.)

BEAUHARNAIS (Stéphanie-Louise-Adrienne Napoléon de), née le 28 août 1789. Cousine de l'impératrice Joséphine. Stéphanie a été mariée, le 7 avril 1806, à Charles-Louis-Frédéric, grand duc de Bade.

« La princesse Stéphanie avait perdu sa mère n'étant encore qu'un enfant, et fut laissée par elle aux soins d'une dame anglaise, son amie intime; celle-ci, fort riche, sans enfant, l'avait en quelque sorte adoptée, et avait confié son éducation à d'anciennes religieuses dans le midi de la France (à Montauban).

« Napoléon, encore premier consul, entendit un jour Joséphine, dont Stéphanie était la parente, mentionner cette circonstance. « Comment pouvez-vous, s'écria-t-il, permettre une parcille chose? Quelqu'un de votre nom à la charge d'une étrangère, d'une anglaise, en cet instant notre ennemie! ne craignez-vous pas que votre mémoire en souffre un jour? » Et aussitôt un courrier fut expédié pour ramener la jeune enfant aux Tuileries ; mais les religieuses ne voulurent point s'en dessaisir. Napoléon, heurté, prit les informations et autorisations nécessaires, et bientôt il fut expédié un second courrier au préfet du lieu, avec l'ordre de se saisir à l'instant même de la jeune Beauharnais, au nom de la loi.

« Or, telles étaient, par les circonstances du temps, certaines éducations et les opinions qu'elles cherchaient à créer, que la jeune Stéphanie ne se vit pas réclamée sans douleur, et qu'elle ne vit pas sans effroi celui qui se disait son allié, et qui voulait être son bienfaiteur. Elle fut placée chez madame Campan, à Saint-Germain; on lui prodigua toutes sortes de maîtres, et elle n'en sortit que pour jeter un grand éclat par sa beauté, ses graces, son esprit et ses vertus. L'empereur l'adopta pour fille, et la maria au prince héréditaire de Bade. Le mariage, durant quelques années, fut loin d'être heureux; mais avec le temps les préventions disparurent, les époux se réunirent, et ils n'ont plus eu dès cet instant, qu'à regretter le bonheur dont ils s'étaient privés.

« La princesse de Bade, aux conférences d'Erfurth, avait été très-distinguée par l'empereur Alexandre, son beau-frère, qui lui prodiguait de véritables attentions. On le savait, et pour y obvier, les gens dirigeant la haute politique de nos désastres de 1813, craignant l'entrevue d'Alexandre avec la princesse de Bade, à Manheim, cherchèrent à détruire à temps son influence, par des rapports mensongers et des propos inventés qui lui aliénèrent l'esprit de ce monarque. Aussi, lors de l'arrivée d'Alexandre à Manheim, dans sa marche triomphale vers Paris, la princesse Stéphanie fut loin d'en être bien traitée : elle put s'en trouver blessée dans ses sentimens ; mais sa fierté demeura toute entière, et alors commença pour son mari une véritable gloire de caractère. Les personnages les plus augustes le circonvînrent de toutes parts et l'importunèrent long-temps pour qu'il répudiât la femme qu'il avait reçue de Napoléon ; mais il s'y refusa constamment, répondant avec une noble fierté, qu'il ne commettrait jamais une bassesse qui répugnait autant à sa tendresse qu'à son honneur. Ce prince généreux, auquel nous n'avions pas assez rendu justice à Paris,

a succombé depuis , sous une longue et doulou-
reuse maladie , et la princesse lui a prodigué jusqu'au dernier moment, de ses propres mains, les
soins les plus minutieux et les plus touchans, qui
lui ont mérité la plus vive affection de la part de
ses proches et de ses peuples.

« Elle avait embelli l'exercice de la souveraineté. Elle a honoré son caractère de femme et
de fille ; elle a professé dans tous les temps la
plus haute vénération et la plus vive reconnaissance pour celui qui , au sommet d'un pouvoir
sans bornes, l'avait bénévolement adoptée pour
sa fille. » (*Las Cases*, t. III , p. 376, 377, 378 ,
379.)

— Stéphanie Beauharnais, cousine de l'impératrice Joséphine, fut mariée, en 1806, au grand
duc de Bade; . . . .
elle a plusieurs enfans ; elle est jolie, spirituelle ,
et réunit toutes les graces de son sexe. (*Montholon* , t. II , p. 256.)

BEAUHARNAIS (Claude , comte de), cousin d'Alexandre , fils du comte de Beauharnais , chef d'escadre ; il est né à Paris sur la fin de septembre 1756. Officier des gardes françaises sous Louis XVI. Sénateur en 1804 ; chevalier d'honneur de l'impératrice Marie-Louise. Pair de France en 1814. Siégea de nouveau à la Chambre des pairs , après la restauration. Le comte de Beauharnais est mort à Paris, le 10 janvier 1819.

— L'empereur le donna pour chevalier d'honneur à Marie - Louise. Lors des malheurs de 1814, il ne répondit pas au dévouement que l'impératrice avait droit d'en attendre. Son chevalier d'honneur ne voulut pas la suivre. (*Las Cases*, t. I, p. 386.)

BEAULIEU (le baron de), né dans les environs de Namur en 1725. Lieutenant-colonel dans la guerre de *sept ans;* colonel du régiment d'Aroz ; commandant de la province de Luxembourg , pour l'Autriche , en 1794 ; quartier-maître général de l'armée du duc de Cobourg ; général d'artillerie , et commandant en chef l'armée autrichienne d'Italie, en 1796.

— « Le général Beaulieu , commandant l'armée autrichienne en Italie , était un officier distingué, qui avait acquis de la réputation dans les campagnes du Nord. » (*Las Cases*, t. II, p. 228.)

BEAUMARCHAIS (Pierre-Augustin Caron de), né à Paris, le 24 janvier 1732. D'abord horloger comme son père, puis musicien compositeur, et très-fort harpiste. Il fut ensuite intéressé dans des entreprises financières, qui le rendirent opulent. Il se sentit alors appelé à travailler pour le théâtre, et débuta, en 1767, par *Eugénie*, drame qui eut un grand succès. Les *Deux Amis*, représentés en 1770, ne réussirent pas. Beaumarchais donna plus tard *le Barbier de Séville*, *le Mariage de Figaro*, *Turare*, et *la Mère coupable*. Tout en composant des ouvrages dramatiques, il fournissait des fusils aux États-Unis. Beaumarchais embrassa et servit la cause de la liberté avec ardeur. Il fut un des membres de la première commune de Paris. Enfermé à l'Abbaye, il se sauva en Angleterre ; d'où il est revenu mourir en France, dans sa maison de la Porte-Saint-Antoine, le 19 mai 1799. Sa *vie fut un combat.*

— L'empereur l'avait constamment repoussé, en dépit de tout son esprit, lors de son Consulat, à cause de sa mauvaise réputation et de sa grande immoralité. (*Las Cases*, t. V, p. 10.)

BEAUVEAU (Marc de), grand d'Espagne, de première classe, prince du Saint-Empire, et chambellan de l'empereur Napoléon en 1809. Membre de la Chambre des pairs dans les *cent jours*, il fit partie de la commission chargée du rapport sur l'adresse de la Chambre des députés au peuple françàis.

— Le fils, encore enfant, était parti pour la désastreuse campagne de Leipsick. «Votre fils, lui dit Napoléon, s'est conduit à merveille; il a fait honneur à son nom; il est blessé, mais ce n'est rien. Toutefois, il pourra se vanter avec orgueil d'avoir vu couler son sang de bonne heure pour la patrie. » (*Las Cases*, t. VII, p. 291.)

BEKER (Léonard-Nicolas), comte de Mons. Né en Alsace en 1770; il servait dans un régiment de dragons lorsque la révolution arrivant lui fit franchir rapidement tous les grades inférieurs. Successivement adjudant-général et général de brigade, le général Beker a épousé la sœur de Desaix. Il fut promu au grade de général de division sur le champ de bataille d'Austerlitz. Membre de la Chambre des représentans dans les *cent jours*. Pair de France en 1819.

Fouché savait que le général Beker avait personnellement à se plaindre de l'empereur, il lui fit donner la commission, par le gouvernement provisoire, de garder Napoléon à la Malmaison, et de le surveiller. Fouché ne doutait pas de trouver en Beker un cœur aigri et disposé à la vengeance ; on ne pouvait se tromper plus grossièrement : ce général ne cessa de montrer un respect et un dévouement qui honorent son caractère. Ce fut par lui que l'empereur envoya offrir au gouvernement provisoire, de marcher comme simple citoyen à la tête des troupes pour repousser Blucher, et continuer aussitôt sa route. (*Las Cases*, t. I, p. 31 et 32.)

BERNADOTTE (Jean-Baptiste-Jules), né à Pau, en Béarn, le 26 janvier 1764. Entré au service militaire comme simple soldat en 1780 ; en 1789 il n'était encore que sergent. Colonel en 1792 ; général de Brigade en 1793 ; général de division en 1794 ; nommé commandant en chef de l'armée d'Italie, après le traité de Campo-Formio, et aussitôt après ambassadeur à Vienne. Général en chef de l'armée d'observation du Rhin en 1799 ; ministre de la guerre après le 30 prairial ; général en chef de l'armée de l'Ouest. Maréchal d'Empire en 1804 ; prince de Ponte-Corvo, le 5 juin 1806 ; proclamé prince royal par les États de Suède ; adopté par Charles XIII. Général en chef de l'armée suédoise contre les Français en 1813, et enfin roi de Suède, sous le nom de Charles-Jean XIV, le 5 février 1818.

« En 1796, pendant que Napoléon était en Egypte, Joseph maria sa belle-sœur à Bernadotte ; elle était fille d'un des premiers négocians de Marseille. Napoléon la destinait au général Duphot, qui fut massacré à Rome en 1797. Si Bernadotte a été maréchal de France, prince de Ponte-Corvo, roi, c'est ce mariage qui en a été la cause. Napoléon jugea convenable de faire la belle-sœur de Joseph, princesse et reine. Son fils Oscar, prince de Sudernamie, est filleul de Napoléon. On attendit pour le baptiser, son retour d'Egypte ; il le nomma Oscar, parce qu'a-

lors il lisait avec intérêt les poésies d'Ossian,
dans l'excellente traduction d'un professeur de
Padoue. Les écarts du prince de Ponte-Corvo,
pendant l'Empire, lui ont toujours été pardon-
nés à cause de ce mariage.

« Bernadotte fut deux mois ministre de la
guerre ; il ne fit que des fautes, il n'organisa
rien, et le Directoire fut obligé de lui retirer le
portefeuille.

« La conduite de Bernadotte à Iéna, a été telle,
que l'empereur avait signé le décret pour le
faire traduire à un conseil de guerre, et il eût
été infailliblement condamné, tant l'indignation
était générale dans l'armée ; il avait manqué faire
perdre la bataille. C'est en considération de la
princesse de Ponte-Corvo, qu'au moment de remettre le décret au prince de Neufchâtel, l'empereur le déchira. Quelques jours après, Bernadotte se distingua au combat de Halle, ce qui
effaça un peu ces fâcheuses impressions.

« Bernadotte est né dans la religion catholique,
apostolique et romaine ; il a abjuré sa religion
pour la religion réformée. Beaucoup de gens en
eussent fait autant ; mais c'est cette circonstance
qui a empêché d'envoyer régner en Suède le
prince Eugène. Sa femme, princesse de Bavière, n'aurait jamais pu s'en consoler. Désirée,

actuellement reine de Suède , n'a pas voulu changer de religion, et elle professe encore la religion catholique , apostolique et romaine , dans laquelle elle est née. » (*Montholon*, t. I, p. 211.)

— Quelque temps après l'expulsion de Gustave et la succession au trône vacante, les Suédois voulurent s'assurer la protection de la France , demandèrent un roi à Napoléon. Bernadotte fut élu ; et il le dut à ce que sa femme était sœur du roi Joseph , régnant alors à Madrid. Bernadotte demanda l'agrément de l'empereur , protestant qu'il n'accepterait qu'autant que cela lui serait agréable. Napoléon , monarque élu par le peuple , avait à répondre qu'il ne savait point s'opposer aux élections des autres peuples. C'est ce qu'il dit à Bernadotte : « Toutefois , ajoutait l'empereur, j'éprouvais un arrière instinct qui me rendait la chose désagréable et pénible ; en effet, Bernadotte a été le serpent nourri dans notre sein ; à peine il nous avait quittés , qu'il était dans le système de nos ennemis , et que nous avions à le surveiller et à le craindre. Plus tard , il a été une des grandes causes actives de nos malheurs, celui qui a donné à nos ennemis la clef de notre politique , la tactique de nos armées ; celui qui leur a montré les chemins du sol sacré ! Vainement dirait-il pour excuse, qu'en acceptant le trône de la Suède, il n'a plus dû être que Suédois ; excuse banale, bonne tout au plus pour le vulgaire des ambitieux. Pour prendre femme, on ne renonce pas à sa mère : encore moins est-on tenu à lui percer le sein et à lui déchirer les entrailles. On dit qu'il s'en est repenti plus tard, c'est-à-dire, quand il n'était plus temps, et que le mal était accompli. Le fait est, qu'en se retrouvant au milieu de nous, il s'est aperçu que l'opinion en faisait justice ; il s'est senti frappé de mort : alors ses yeux se sont dessillés, car on ne sait pas, dans son aveuglement, à quels rêves n'auront pas pu le porter sa présomption et sa vanité. » (*Las Cases*, t. V, pag. 201, 202, 203 et 204.)

— « Et un Français a eu en ses mains les destinées du monde ! S'il avait eu le jugement et l'ame à la hauteur de la situation, s'il eût été bon Suédois, ainsi qu'il l'a prétendu, il pouvait rétablir le lustre et la puissance de sa nouvelle patrie, reprendre la Finlande, être sur Pétersbourg avant que j'eusse atteint Moscow. Mais il a cédé à des ressentimens personnels, à une sotte vanité, à de toute petites passions. La tête lui a tourné, à lui, ancien Jacobin, de se voir recherché, encensé par les légitimes ; de se trouver face à face, en conférence politique et d'amitié, avec un empereur de toutes les Russies, qui ne lui épargnait aucune cajolerie. On assure qu'il lui fut même insinué alors, qu'il pouvait prétendre à une de ses sœurs, en divorçant d'avec sa femme ; et, d'un autre côté, un prince français lui écrivait qu'il se plaisait à remarquer que le Béarn était le berceau de leurs deux maisons! B...! sa maison!...

— « Dans son enivrement, il sacrifia sa nouvelle patrie et l'ancienne, sa propre gloire, sa véritable puissance, la cause des peuples, le sort du monde! C'est une faute qu'il paiera chèrement. A peine il avait réussi dans ce qu'on attendait de lui, qu'il a pu commencer à le sentir : il s'est même repenti, dit-on ; mais il n'a pas encore expié. Il est désormais le seul parvenu occupant un trône ; le scandale ne doit pas rester impuni, il serait d'un exemple trop dangereux. » (*Las Cases*, t. VII, p. 178 et 179.)

BERNARD (N.), lieutenant-général du génie.

Dans un des voyages que Napoléon fit pour inspecter les travaux d'Anvers, il se trouva un jour aux prises sur le métier, avec un capitaine

ou lieutenant - colonel du génie, qui modeste-
ment et obscurément concourait aux fortifications de la place. A quelque temps de là, cet
officier reçut inopinément une lettre d'avancement, sa nomination d'aide-de-camp de l'empereur, et l'ordre de se rendre en service aux
Tuileries. Le pauvre officier crut rêver, ou ne
doula pas qu'on ne se fût trompé. Ses mœurs
étaient si innocentes, et ses connaissances si
restreintes, qu'il alla confier à M. de Las Casas
toute son ignorance de la cour, et son extrême
embarras d'y paraître. Mais il était facile à rassu-
rer; il y entrait par la belle porte, et s'y présen-
tait avec un bon fond. Cet officier est le général
Bernard, dont cette circonstance mit les talens
au grand jour, et qui, lors de nos catastrophes,
a été recueilli par les États-Unis, qui l'ont
placé à la tête de leurs travaux militaires. (*Las
Cases*, t. VII, p. 81.)

BERNARDIN DE SAINT-PIERRE (Jacques-Henry).
Son nom de famille était Saint-Pierre. Il est né au Havre en 1737. Il fit d'abord la campagne de Malte sous M. de Saint-Germain ; ayant eu à se plaindre de l'orgueil de certains nobles militaires, il alla offrir ses services à Frédéric-le-Grand ; passa ensuite à celui de Catherine II , qui le fit poursuivre et arrêter : rentré en France , il fut nommé capitaine ingénieur de la colonie de l'île de France. Intendant du jardin des Plantes, sous Louis XVI. Il est l'auteur de plusieurs ouvrages, parmi lesquels se trouvent les *Études de la Nature*, *la Chaumière Indienne*, et *Paul et Virginie*. Bernardin de Saint-Pierre est mort le 21 janvier 1814 , à sa maison de campagne , près Pontoise. Il avait été professeur de morale à l'École normale, et membre de l'Institut.

« La sensibilité, la délicatesse de Bernardin de Saint-Pierre ressemblaient peu au charmant tableau de *Paul et Virginie* ; c'était un méchant homme , maltraitant fort sa femme , fille de l'imprimeur Didot , et toujours prêt à demander l'aumône sans honte. A mon retour de l'armée d'Italie , Bernardin vint me trouver, et me parla presque aussitôt de ses misères ; moi qui, dans mes premières années n'avais rêvé que *Paul et Virginie*, flatté d'ailleurs d'une confiance que je croyais exclusive, et que j'attribuais à ma grande célébrité, je m'empressai de lui rendre sa visite, et laissai sur un coin de sa cheminée, sans qu'on eût pu s'en apercevoir, un petit rouleau de vingt-cinq louis. Mais quelle fut ma honte, quand je vis chacun rire de la délicatesse que j'y avais mise, et qu'on m'apprit que de pareilles formes étaient inutiles avec M. Bernardin, qui faisait métier de demander à tout venant, et de recevoir de toutes mains. Je lui ai toujours conservé un peu de rancune de m'avoir mystifié ; il n'en a pas été de même de ma famille : Joseph lui faisait une forte pension, et Louis lui donnait sans cesse. »

— Mais si Napoléon aimait *Paul et Virginie*, il riait de pitié des *Études de la Nature*, par le même auteur. « Bernardin, disait-il, bon littérateur, était à peine géomètre. Ce dernier ouvrage était si mauvais, que les gens de l'art dédaignaient d'y répondre. » (*Las Cases*, t. II, p. 173 et 174.)

BERTHIER (Alexandre), né à Versailles, le 20 novembre 1753. Destiné dès son enfance à l'état militaire, il
reçut une éducation soignée. Berthier fut d'abord officier
dans le corps royal du génie : ensuite, capitaine de dragons
dans le régiment de Lorraine. Il combattit pour l'indépendance des États-Unis, sous les ordres du général Lafayette, et obtint alors le grade de colonel. Dès la première année de la révolution, il fut nommé major-général
de la garde nationale de Versailles ; adjudant-général en
1791 ; chef de l'état-major du général Luckner ; général
de brigade à l'armée républicaine de la Vendée ; général
de division à l'armée d'Italie, en 1796 ; commandant en
chef de l'armée française qui s'empara de Rome en 1798 ;
chef d'état-major-général de l'armée d'Egypte ; général en
chef de l'armée de réserve, après le 18 brumaire ; ministre de la guerre ; maréchal d'Empire et grand-veneur ;
prince de Neufchâtel et de Valengin, le 31 octobre 1806 ;
marié à la fille du prince Guillaume, beau-frère et cousin
du roi de Wurtemberg ; prince de Wagram et vice-con-
nétable de l'Empire. Berthier fit toutes les campagnes de
Napoléon, comme major-général de l'armée. Le 11 avril
1814, il adhéra au décret du Sénat, qui excluait Napoléon
du trône. Pair de France, le 4 juin 1814; capitaine de l'une
des compagnies des gardes-du-corps. Suivit Louis XVIII
à Gand, et le quitta pour se rendre en Bavière. Le 1er juin
1815, Berthier s'est donné la mort, en se jetant par la fenêtre du palais de Bamberg.

« Berthier était âgé d'environ quarante-deux
ans. Son père, ingénieur-géographe, avait eu

l'honneur de voir quelquefois Louis XV et Louis XVI, parce qu'il était chargé de lever les plans des chasses, et que ces princes, à leur retour de la chasse, aimaient à relever les fautes qu'ils y avaient aperçues. Berthier, jeune encore, fit la guerre d'Amérique, comme lieutenant adjoint à l'état-major de Rochambeau ; il était colonel à l'époque de la révolution, et commanda la garde nationale de Versailles, où il se montra fort opposé au parti de Lecointre ; employé dans la Vendée comme chef d'état-major des armées révolutionnaires, il y fut blessé. Après le 9 thermidor, il fut chef d'état-major du général Kellermann, à l'armée des Alpes, et le suivit à l'armée d'Italie. C'est lui qui fit prendre à l'armée la ligne de Borghetto, qui arrêta l'ennemi. Lorsque Kellermann retourna à l'armée des Alpes, il l'emmena. Mais lorsque Napoléon prit le commandement de l'armée d'Italie, Berthier demanda et obtint la place de son chef d'état-major ; il l'a toujours suivi en cette qualité dans les campagnes d'Italie et d'Égypte. Depuis, il a été ministre de la guerre, major-général de la grande armée, prince de Neufchâtel et de Wagram. Il avait une grande activité ; il suivait son général dans toutes ses reconnaissances et dans toutes ses courses, sans que cela ralentît en rien son

travail des bureaux. Il était d'un caractère indé-
cis, peu propre à commander en chef ; mais
possédant toutes les qualités d'un bon chef d'é-
tat-major. Il connaissait bien la carte, entendait
bien la partie des reconnaissances, soignait lui-
même l'expédition des ordres ; était rompu à
présenter avec simplicité les mouvemens les
plus composés d'une armée. Au commencement
on voulut lui attirer la disgrace de son chef, en
le désignant comme son Mentor, et publiant que
c'était lui qui dirigeait les opérations ; on ne
réussit pas. Il fit tout ce qu'il put pour faire cesser des bruits qui le rendaient ridicule dans
l'armée. Après la campagne d'Italie, il eut le
commandement de l'armée chargée d'aller s'emparer de Rome, et y proclama la république romaine. » (*Montholon*, t. III, p. 225 et 226.)

« Berthier, faible et sans esprit, était en Egypte
à la tête de ceux qu'on appelait la faction des
amoureux à grands sentimens. Quand le général en chef fut sur le point d'appareiller de Toulon, Berthier accourut de Paris en poste, jour
et nuit, pour lui dire qu'il était malade, et qu'il
ne pouvait pas le suivre, bien qu'il fût son chef
d'état-major. Le général en chef n'y fit seulement pas attention. Berthier n'était plus aux
pieds de celle qui l'avait dépêché avec excuse :

aussi s'embarqua-t-il ; mais arrivé en Egypte, l'ennui le saisit, il ne put résister à ses souvenirs ; il demanda et obtint de retourner en France ; il prit congé de Napoléon, lui fit ses adieux ; mais il revint bientôt après, fondant en larmes, disant qu'il ne voulait pas, après tout, se déshonorer ; qu'il ne pouvait pas non plus séparer sa vie de celle de son général. Berthier portait une espèce de culte à ses amours, et ce culte l'a conduit plus d'une fois jusqu'au voisinage de l'idiotisme. L'empereur croyait bien lui avoir donné 40 millions dans sa vie ; mais il pensait que la faiblesse de son esprit, son peu d'ordre et sa ridicule passion, en avaient gaspillé une grande partie. « (*Las Cases*, t. I, p. 262, 263 et 264.)

— « Berthier devait sa conduite à son manque d'esprit et à sa nullité. Berthier, après tout, n'était pas sans talens, mais ses talens, son mérite étaient spéciaux et techniques ; et hors de là, sans nul esprit quelconque ; et puis si faible!..., L'empereur, dans ses campagnes, avait Berthier dans sa voiture. C'était pendant sa route, et sur les grands chemins, que l'empereur, parcourant les livres d'ordre et ses états de situation, arrêtait ses plans et ordonnait ses mouvemens. Berthier en prenait note, et à la première station, ou au premier moment de repos, soit de jour, soit de nuit, il expédiait, à son tour, les ordres et les différens détails particuliers, avec une régularité, une précision et une promptitude admirables. C'était un travail pour lequel il était toujours prêt et infatigable. Voilà quel était le mérite spécial de Berthier ; il était des plus grands et des plus précieux pour l'empereur : nul autre n'eût pu le remplacer. (*Las Cases*, t. I, p. 412, 413 et 414.)

— « La nature en formant de certains hommes, a voulu qu'ils restassent dans une situation subalterne. Tel était Berthier. Il n'y avait pas au monde de meilleur chef d'état-major ; mais il n'était pas en état de commander cinq cents hommes. » (*O' Méara*, t. I, p. 380.)

BERTHOLLET (CLAUDE-LOUIS), né à Tailloire en Savoie, vers 1756 ; docteur en médecine. A vingt-quatre ans , il fut nommé membre de l'Académie des sciences ; membre de la commission d'agriculture en 1794 ; professeur à l'École normale ; membre de l'Institut. Il fit partie de la commission d'Egypte ; sénateur, après la révolution du 18 brumaire ; comte de l'Empire ; Pair de France en 1815.

Berthollet ayant éprouvé des pertes et se trouvant gêné , Napoléon qui l'apprit , lui envoya

cent mille écus, ajoutant qu'il avait à se plaindre de lui, puisqu'il avait voulu ignorer que
Napoléon était toujours au service de ses amis.

Berthollet, lors des désastres, a été très-mal
pour l'empereur, qui en fut vivement affecté,
répétant plusieurs fois : « Quoi ! Berthollet ! mon
ami Berthollet !.... Berthollet sur lequel j'aurais
dû tant compter ! »

Au retour de l'île d'Elbe, Berthollet sentit se
réveiller ses sentimens pour son bienfaiteur. Il
se hasarda à reparaître aux Tuileries, faisant
dire par Monge à l'empereur, que s'il n'obtenait
pas un regard, il se tuerait à la porte en sortant.
Napoléon ne crut pas devoir lui refuser un sourire
en passant devant lui. (*Las Cases*, t. III, p. 307
et 308.)

BERTRAND (Henri-Gratien), né en Touraine. Il avait étudié pour entrer dans les Ponts-et-Chaussées ; il servit d'abord dans la garde nationale de Paris et dans un bataillon qui, au 10 août, se portait aux Tuileries pour y défendre la royauté constitutionnelle. Sous-lieutenant dans la guerre des Pyrénées, en 1795 et 1796 ; l'année suivante, il fit partie de l'ambassade envoyée à Constantinople. Employé dans l'expédition d'Egypte, Bertrand y reçut les brevets de lieutenant-colonel, de colonel et de général de brigade; aide-de-camp de Napoléon après la campagne d'Austerlitz, et général de division ; grand-maréchal du palais, à la mort de Duroc ; commandant en chef des glorieux débris de l'armée française, après la bataille d'Hanau ; aide-major-général de la garde nationale en 1814. Bertrand accompagna Napoléon à l'île d'Elbe, revint en France avec lui, et le suivit encore à Sainte-Hélène. Le 7 mai 1816, Bertrand fut condamné à mort par contumace ; acquitté à son retour en France, il vit maintenant éloigné de la cour et des affaires publiques.

— « Bertrand est désormais identifié avec mon sort ; c'est devenu historique. » (*Las Cases*, t. IV, p. 255.)

BESSIÈRES (Jean-Baptiste), né à Preissac, département du Lot, le 6 août 1768. Il entra dans la garde constitutionnelle de Louis XVI, en 1791 ; passa adjudant-sous-officier dans les chasseurs à cheval des Pyrénées ; capitaine dans le 22ᵉ régiment de chasseurs ; commandant des guides du général en chef de l'armée d'Italie, et ensuite colonel du même corps en Egypte ; général de brigade ; général de division ; maréchal d'Empire en 1804 ; duc d'Istrie en 1808 ; ambassadeur près la cour de Wurtemberg. Mort sur le champ de bataille à l'attaque du défilé de Rippach, en Saxe, le 1ᵉʳ mai 1813. Il fut emporté par un boulet de canon, la veille de la bataille de Lutzen.

« Bessières fut jeté par la révolution dans la carrière des armes : il débuta par être simple soldat dans la garde constitutionnelle de Louis XVI. Devenu plus tard officier de chasseurs, des actes d'une bravoure personnelle, extraordinaire, attirèrent l'attention du général en chef de l'armée d'Italie, qui, lorsqu'il créa ses guides, choisit Bessières pour les commander. Voilà les commencemens de Bessières, et l'origine de sa fortune. A compter de cet instant, on le retrouve toujours à la tête de la garde du consul ou de la garde impériale, dans des charges de réserves, décidant la victoire, ou recueillant ses fruits. Son nom se rattache noblement à toutes nos belles batailles.

« Bessières grandit avec l'homme qui l'avait distingué, et reçut une part abondante des faveurs que répandit l'empereur ; il fut fait maréchal d'Empire, duc d'Istrie, colonel de la cavalerie de la garde, etc., etc., etc.

« Ses qualités se développant avec les circonstances, le montrèrent toujours à la hauteur de sa fortune. On vit Bessières constamment bon, humain, généreux ; d'une loyauté, d'une droiture antique ; soldat, homme de bien et citoyen honnête homme. Il employa souvent sa haute faveur à des services et à des obligeances spéciales, même en dépit d'opinions contraires.

« Bessières était adoré de la garde, au milieu de laquelle il passait sa vie. A la bataille de Wagram, un boulet le renversa de son cheval sans lui causer d'autres dommages. Ce fut un cri de douleur dans toute la garde : aussi Napoléon lui dit-il, en le retrouvant : « Bessières, le boulet « qui vous a frappé, a fait pleurer toute ma « garde ; remerciez-le, il doit vous être bien « cher. »

« Moins heureux à l'ouverture de la campagne de Saxe, la veille même de la bataille de Lutzen, dans une circonstance assez insignifiante, s'étant porté en avant au milieu des tirailleurs, il y fut frappé dans la poitrine d'un boulet qui le renversa mort. Il avait vécu comme Bayard, il mourut comme Turenne. » (*Las Cases*, t. II, p. 187 et 188.)

— Le digne roi de Saxe lui a fait élever un monument à l'endroit même où Bessières fut frappé; et, par un bien glorieux rapprochement, il a été fait semblable à celui de Gustave-Adolphe, et se trouve non loin de celui-ci. (*Las Cases*, t. IV, p. 45.)

BILLAUD-VARENNES (N.), fils d'un avocat de La Rochelle. Il entra d'abord dans la congrégation de l'*Oratoire de Jésus*, où il eut pour collègue le révérend père Fouché. Ses goûts profanes le déterminèrent à quitter une société trop rigide. Avocat, puis commissaire de la commune de Paris en 1791; député à la Convention, qu'il présida ensuite. Déporté dans les déserts de Synamari, il y a vécu vingt ans, et est allé mourir au Port-au-Prince.

« Billaud de Varennes est le plus exécrable des hommes qui aient figuré dans la révolution. Carnot en est le plus honnête : il a quitté la France sans un sou. » (*O'Méara*, t. II, p. 136.)

BIZANNET (N.). Simple soldat, il passa par tous les grades, et parvint, par son seul courage, à celui de général. Il défendit Monaco en 1793, et commanda ensuite Toulon. En 1814, il fut chargé de la défense de Berg-op-Zoom, ayant sous ses ordres les marins de la garde. Bizannet commanda la ville de Marseille dans les cent jours.

« Que de belles actions ont été se perdre dans la confusion de nos désastres, ou même dans la multiplicité de celles que nous avons produites! Celle de Berg-op-Zoom est du nombre. La garnison naturelle de cette place était de huit à dix mille hommes, peut-être, et pourtant elle ne comptait en cet instant pas plus de deux mille sept cents combattans. Un général anglais, à la faveur de la nuit, et d'intelligence avec les habitans, s'y introduit avec quatre mille huit cents hommes d'élite. Ils sont dans la place, la population est pour eux ; mais rien ne saurait triompher de la valeur française. On se bat en désespérés dans les rues, et la presque totalité de la troupe anglaise est tuée ou demeure prisonnière. Certes, voilà un acte de braves : le général Bizanet est un brave! » (*Las Cases*, t. IV, p. 151.)

BOISGELIN (Jean de Dieu Raymond de Lucé), né à Rennes, le 7 février 1732. D'abord grand vicaire de Pontoise , puis évêque de Lavaur en 1765 ; archevêque d'Aix cinq ans après ; membre de l'assemblée des notables en 1787, et député aux États-Généraux de 1789 par le clergé. Après la session de l'assemblée constituante , M. de Boisgelin se retira en Angleterre ; il rentra en France en 1801 ; fut nommé à l'archevêché de Tours, puis cardinal et candidat au sénat. Il mourut à Angervilliers , le 12 septembre 1804.

Le Cardinal de Boisgelin était un homme d'esprit , un homme de bien ; l'empereur le mettait au nombre de ces anciens évêques qui l'avait adopté loyalement , et qui eurent sa confiance sans jamais l'avoir trahie. (*Las Cases*, t. V , p. 110.)

BONAPARTE (Lœtitia-Ramolino), née à Ajaccio , en 1750. Epousa Charles Bonaparte , en 1767 ; mère de Joseph, Napoléon, Lucien, Louis, Jérôme ; Elisa, Pauline et Caroline.

Quand Paoli voulut livrer son île aux Anglais, la famille Bonaparte demeura chaude à la tête du parti français, et eut le fatal honneur de voir *intimer* contre elle *une marche* des habitans de l'île, c'est-à-dire, d'être attaquée par la levée en masse; la maison fut pillée ou brûlée, les vignes perdues, les troupeaux détruits. Madame, entourée d'un petit nombre de fidèles, fut réduite à errer quelque temps sur la côte, et dut gagner la France. Toutefois, Paoli, à qui cette famille avait été si attachée, et qui lui-même avait toujours professé une considération particulière pour Madame, Paoli avait essayé la persuasion avant d'employer la force. « Renoncez à votre opposition, lui avait-il fait dire, elle perdra vous, les vôtres, votre fortune; les maux seront incalculables, rien ne pourra jamais les réparer. Madame répondit en héroïne, comme eût fait Cornélie, qu'elle ne connaissait pas deux lois; qu'elle, ses enfans, sa famille ne connaissaient que celle du devoir et de l'honneur. (*Las Cases*, t. III, p. 406 et 407.)

« Mon excellente mère est une femme d'ame et de beaucoup de talent; elle a un caractère mâle, fier, et plein d'honneur. Elle vendrait tout pour moi jusqu'à sa dernière chemise. Je lui ai assigné un million par an, outre son palais, et je lui faisais beaucoup de présens. Je dois ma fortune à la manière dont elle a élevé ma jeunesse. Je suis d'avis que la bonne ou la mauvaise conduite à venir d'un enfant, dépend entièrement de sa mère. Elle est très-riche. Plusieurs personnes de ma famille ont réfléchi que je pouvais mourir; qu'il pouvait arriver des accidens, et en conséquence ont pris soin de se conserver quelque chose, et ont gardé une partie de leur fortune. »

« *Madame* était aussi par trop parcimonieuse : c'en était ridicule, disait Napoléon; j'ai été jusqu'à lui offrir des sommes fort considérables par mois si elle voulait les distribuer. Elle voulait bien les recevoir; mais pourvu, disait-elle, qu'elle fût maîtresse de les garder. Dans le fond, tout cela n'était qu'excès de prévoyance de sa part; toute sa peur était de se trouver un jour sans rien. Elle avait connu le besoin, et ces terribles momens ne lui sortaient pas de la pensée. Il est juste de dire, d'ailleurs, qu'elle donnait beaucoup à ses enfans en secret; c'est une si bonne mère!... »

« Du reste, cette même femme à laquelle on eût si difficilement arraché un écu, disait l'empereur, eût donné tout pour mon retour de l'île d'Elbe; et après Waterloo, elle m'eût remis entre les mains tout ce qu'elle possédait pour aider à rétablir mes affaires; elle me l'a offert; elle se fût condamnée au pain noir, sans mur-

mure. C'est que chez elle le grand l'emportait encore sur le petit : la fierté, la noble ambition marchaient chez elle avant l'avarice.

— Madame mère avait une ame forte et trempée aux plus grands événemens ; elle avait éprouvé cinq à six révolutions : elle avait eu trois fois sa maison brûlée par les factions en Corse. (*Las Cases*, t. III, p. 336, 337, 338.)

— « Quant à ma mère, disait Napoléon, elle est digne de tous les genres de vénération. » (*Las Cases*, t. VII, p. 119.)

BONAPARTE (Joseph), frère aîné de Napoléon ; né à Ajaccio, le 16 janvier 1768, a étudié le droit à l'Université de Pise. Forcé de venir en France, en 1793, il a épousé mademoiselle Clary, de Marseille. Il fut secrétaire du conventionnel Salicetti, son compatriote ; commissaire des guerres à l'armée d'Italie ; député au conseil des Cinq-Cents par le département du Liamone ; ambassadeur de la République française à Parme et à Rome ; secrétaire du conseil des Cinq-Cents ; conseiller d'État après le 18 brumaire ; ministre plénipotentiaire au congrès de Lunéville, en 1801 ; signataire du traité d'Amiens avec l'Angleterre ; membre du Sénat ; prince impérial et grand électeur ; colonel du 4ᵉ régiment ; général de brigade ; général de division ; roi de Naples en 1806 ; roi d'Espagne en 1808 ; lieutenant-général de l'Empire et commandant général de la garde nationale de France en 1813 ; pair de France durant les cent jours. Joseph vit maintenant dans les environs de Philadelphie, sous le nom de comte de *Survilliers*.

« Joseph ne m'a guère aidé, disait Napoléon, mais c'est un fort bon homme. Joseph et moi nous nous sommes toujours fort aimés et fort accordés ; mais toutes ses qualités tiennent uniquement de l'homme privé : il est éminemment doux et bon ; il a de l'esprit et de l'instruction ; il est aimable. Dans les hautes fonctions que je lui avais confiées, il a fait ce qu'il a pu ; ses intentions étaient bonnes ; aussi la principale faute n'est pas à lui, mais plutôt à moi qui l'avais jeté hors de sa sphère ; et dans des circonstances bien grandes, la tâche s'est trouvée hors de proportion avec ses forces. » (*Las Cases,* t. III, p. 368 et 369.)

« Joseph, quoiqu'il ait beaucoup de talent et d'esprit, est trop bon et aime trop son plaisir et la littérature pour être roi. »

« Joseph, par tous pays serait l'ornement de la société. » (*Las Cases,* t. VII, p. 100.)

BONAPARTE (Lucien), frère puîné de Napoléon ; né à Ajaccio en 1775. D'abord employé dans l'administration des subsistances militaires, à Saint-Maximin (Var), où il épousa mademoiselle Boyer, dont le frère tenait une hôtellerie. Commissaire des guerres en 1796 ; député du Liamone au conseil des Cinq-Cents ; président du même conseil, au 18 brumaire. Tribun ; ministre de l'intérieur ; ambassadeur en Espagne. Une seconde fois membre du Tribunat en 1802 ; sénateur ; membre de l'Institut ; prince de Canino, et noble romain ; prisonnier des Anglais ; nommé représentant et pair dans les cent jours. Lucien est l'auteur des poëmes de *Charlemagne* et de *la Cyrnéide.*

Lucien, que son second mariage et une fausse direction de caractère privèrent, sans doute, d'une couronne, ennoblit du moins son opposition et ses différends, en venant, au retour de l'île d'Elbe, se jeter dans les bras de Napoléon, dans un moment où il était loin de regarder ses affaires comme assurées. Lucien, disait l'empereur, eut une jeunesse orageuse ; dès l'âge de 15 ans, il fut mené en France par M. de Sémonville, qui en fit de bonne heure un révolutionnaire zélé et un clubiste ardent. (*Las Cases*, t. I, p. 147.)

« Lucien, dans tous les pays serait l'ornement de toute assemblée politique. » (*Las Cases*, t. VII, p. 100.)

BONAPARTE (Louis), né à Ajaccio, en 1778. Colonel du 9ᵉ régiment de dragons ; général de brigade. En 1802 il épousa Hortense-Fanny de Beauharnais, fille de Joséphine. Conseiller d'État et général de division en 1804 ; connétable ; colonel général des carabiniers ; gouverneur général du Piémont ; roi de Hollande en 1806, il abdiqua en 1810. Il a pris depuis le titre de comte de Saint-Leu.

« Louis était un enfant gâté de Jean-Jacques. Il n'avait pu être bien avec sa femme que très-peu de mois. Beaucoup d'exigence de sa part, beaucoup de légèreté de la part d'Hortense :

voilà les torts réciproques. Toutefois, ils s'aimaient en s'épousant, ils s'étaient voulus l'un
et l'autre. Ce mariage, au reste, était le résultat
des intrigues de Joséphine qui y trouvait son
compte. » (*Las Cases* , t. III, p. 364.) .

« Louis eût plu, et se fût fait remarquer partout. » (*Las Cases*, t. VII, p. 100.) .

— « Louis a de l'esprit, n'est point méchant ;
mais avec ces qualités, un homme peut faire
bien des sottises, et causer bien du mal. L'esprit de Louis est naturellement porté à la bizarrerie. Il a été gâté encore par la lecture de Jean-
Jacques. Courant après une réputation de sensibilité et de bienfaisance, incapable par lui-
même de grandes vues, susceptible tout au plus
de détails locaux, Louis ne s'est montré qu'un
roi-préfet.

— « A mon retour de l'île d'Elbe, Louis m'é-
crivit une longue lettre pour revenir auprès de
moi. Croirait-on qu'une de ses conditions était,
qu'il aurait la liberté de divorcer avec Hortense?
Je maltraitai fort le négociateur, pour avoir osé
se charger d'une telle absurdité, avoir pu croire
qu'une pareille chose fût négociable.

« Peut-être trouverait-on une atténuation au
travers d'esprit de Louis, dans le cruel état de
sa santé ; l'âge où elle s'est dérangée, les cir-

constances atroces qui l'ont causé, et qui doivent avoir singulièrement influé sur son moral. »
(*Las Cases*, t. IV, p. 256, 257 et 258.)

BONAPARTE (JÉRÔME), le plus jeune frère de Napoléon, né à Ajaccio, le 15 décembre 1784. Immédiatement après le 18 brumaire, il quitta le collége de Juilly pour servir dans la marine ; lieutenant de vaisseau en 1801 ; capitaine de frégate. Il épousa la fille de M. Paterson, riche négociant de Baltimore. Capitaine de vaisseau : contre-amiral en 1802 ; général de division en 1807 ; marié en seconde noces à la princesse Frédérique-Catherine, fille du roi de Wurtemberg. Roi de Westphalie. Pair de France dans les cent jours ; prince de Montfort.

« Jérôme était un prodigue, dont les débordemens avaient été crians ; il les avait poussés jusqu'au hideux du libertinage. Son excuse peut-être, pouvait se trouver dans son âge et dans ce dont il était entouré. Au retour de l'île d'Elbe, il semblait d'ailleurs avoir beaucoup gagné, et donner de grandes espérances ; et puis, il existait un beau témoignage en sa faveur, c'est l'amour qu'il avait inspiré à sa femme ; la conduite de celle-ci, lorsqu'après ma chute, disait

Napoléon, son père, ce terrible roi de Wurtemberg, si despotique, si dur, a voulu la faire divorcer, est admirable. Cette princesse s'est inscrite dès-lors de ses propres mains dans l'histoire, etc. » (*Las Cases*, t. III, p. 370.)

« Jérôme, en mûrissant, eût été propre à gouverner ; je découvrais en lui de véritables espérances. » (*Las Cases*, t. VII, p. 100.)

* * *

BONAPARTE (Marie-Anne-Élisa Bacchiochi), sœur
de Napoléon, née à Ajaccio, le 8 janvier 1777. Elle fut
élevée à la maison royale de Saint-Cyr. Élisa épousa, en
mai 1791, Félix Bacchiochi, d'une famille noble de Corse,
qui n'était encore, à cette époque, que capitaine d'infanterie. Élisa reçut de Napoléon la principauté souveraine de
Piombino, et immédiatement après, celle de Lucques ;
elle en prit possession, le 10 juillet 1805. Lors des événemens de 1814 et 1815, cette princesse, ainsi que son mari,
se retirèrent d'abord en Allemagne, puis à Trieste.

« Élisa était une tête mâle, une ame forte : elle
aura montré beaucoup de philosophie dans l'ad-
versité. » (*Las Cases,*, t. VII, p. 100.)

* * *

BONAPARTE (MARIE-PAULINE), seconde sœur de Napoléon ; née à Ajaccio le 20 octobre 1780. Elle épousa le général Leclerc en 1797, qu'elle suivit à Saint-Domingue. De retour en France, après la mort de ce général, Pauline fut mariée, par Napoléon, au prince Camille Borghèse. Elle suivit l'empereur à l'île d'Elbe, et vit maintenant à Rome.

« Pauline, la plus belle femme de son temps, peut-être, a été et demeurera jusqu'à la fin, la meilleure créature vivante.» (*Las Cases*, t. VII, p. 100.)

« Pauline était trop prodigue : elle avait trop d'abandon; elle devrait être immensément riche, par tout ce que je lui ai donné; mais elle donnait tout à son tour, et sa mère la sermonnait souvent à cet égard, lui prédisant qu'elle pourrait mourir à l'hôpital. » (*Las Cases*, t. III, p. 366.)

BONAPARTE (Marie-Annunciade-Caroline, Murat),
née à Ajaccio, le 25 mars 1782. Mariée le 20 janvier 1800,
à Joachim Murat ; grande duchesse de Berg et de Clèves ;
reine de Naples, le 15 juillet 1808 ; détrônée en 1815 ;
depuis lors, elle vit retirée dans les états de l'empereur
d'Autriche.

— « Dans sa petite enfance, on la regardait
comme la sotte et la Cendrillon de la famille ;
mais elle en a bien rappelé ; elle a été une très-
belle femme, et est devenue très-capable. » (*Las
Cases*, t. VI, p. 209.)

— « La reine de Naples s'était beaucoup formée dans les événemens. Il y avait chez elle de
l'étoffe, beaucoup de caractère et une ambition
désordonnée. »... (*Las Cases*, t. III, p. 369.)

BOULAY DE LA MEURTHE (Antoine-Jacques-Claude-Joseph, comte), né le 19 février 1761 à Chaumousey, près d'Épinal (Vosges); fils d'un simple cultivateur; reçu avocat au parlement de Nancy en 1783. En 1792, lorsque la patrie fut déclarée en danger, il fit la campagne comme volontaire dans le bataillon de la Meurthe. Au retour, il fut nommé juge du tribunal civil de Nancy; destitué en 1793, il s'enrôla de nouveau dans un bataillon. Après le 9 thermidor, il devint président du tribunal civil; accusateur public pendant dix-huit mois; député de la Meurthe au conseil des Cinq-Cents, puis président de ce conseil. Au 18 brumaire, il refusa le ministère de la police. Président de la section de législation du Conseil-d'État; administrateur du contentieux des domaines nationaux; membre du conseil privé. A la première restauration, il rentra dans la vie privée. Il fut ministre de la justice dans les cent jours, et représentant de son département. Porté sur la liste de proscription du 24 juillet 1815, M. Boulay a erré pendant plus de trois ans en Allemagne et en Prusse. Il vit maintenant éloigné des affaires publiques.

« Le Conseil-d'État était généralement composé, disait l'empereur, de gens instruits, grands travailleurs, et de bonne réputation. Defermon et Boulay, par exemple, sont certainement de braves et honnêtes gens. Malgré les immenses affaires litigieuses qu'ils ont gérées, et les gros émolumens dont ils jouissaient, on ne me surprendrait pas du tout, si l'on m'apprenait qu'aujourd'hui ils sont tout au plus au-dessus de l'aisance. » (*Voyez* Defermon.) (*Las Cases*, t. 1, p. 342.)

BOURMONT (Louis - Auguste - Victor, comte de Gaisne de), né vers 1773, au château de Bourmont, en Anjou. Officier aux gardes françaises ; émigré ; chargé d'insurrectionner les départemens de l'ouest ; major-général de l'armée Vendéenne. Plus tard, il commanda la division de chouans qui pilla le Mans, et égorgea les blessés. Après l'armistice il fit sa soumission à la République. M. de Bourmont se rendit suspect en 1803, et fut arrêté. Il s'échappa au bout de deux ans, s'établit en Portugal, revint en France lors de l'évacuation du Portugal, demanda du service, et fut nommé adjudant commandant à l'armée de Naples ; quelques temps après, général de brigade, et général de division en 1814. Nommé par le Roi commandant de la 6ᵉ division militaire ; obtint le commandement d'une division dans les cent jours, qu'il quitta la veille de la seconde bataille de Fleurus pour passer dans les rangs opposés. Quelques mois après, il fut nommé commandant d'une division de la garde royale.

« B....... est une de mes erreurs. » (*Las Cases*, t. III, p. 288.)

BRUNE (Guillaume-Marie-Anne), né à Brives, département de la Corrèze, le 13 mars 1763. Destiné au barreau, il cultivait les lettres à Paris à l'époque de la révolution. Brune s'enrôla dans le 2ᵉ bataillon de Seine-et-Oise. Adjudant-major en 1791 ; adjoint aux adjudans-généraux en 1792 ; adjudant-général ; colonel en pied en 1793 ; commandant d'avant-garde contre le général Wimpfen ; général de brigade ; général de division sur le champ de bataille en Italie ; ambassadeur près la cour de Naples ; commandant en chef des troupes envoyées en Suisse ; commandant de l'armée d'Italie, en remplacement de Berthier ; commandant en chef de l'armée batave ; commandant de l'armée de réserve dite des *grisons* ; conseiller d'État, président de la section de la guerre ; ambassadeur à Constantinople ; maréchal d'Empire ; commandant l'armée des côtes de l'Océan ; gouverneur des villes anséatiques en 1807. Disgracié. Durant les cent jours, Brune eut le commandement de l'armée du Var. Assassiné à Avignon, quelque temps après.

« Brune, Masséna, Augereau et beaucoup d'autres, étaient des déprédateurs intrépides. » (*Las Cases*, t. III, p. 279.)

BRUNSWICK - LUNÉBOURG (Charles-Guillaume-Ferdinand, duc de), né à Brunswick, le 7 octobre 1735 ; héritier du prince Charles, duc régnant. Il fit ses premières armes sous le grand Frédéric, et obtint de brillans succès jusqu'à la révolution française, époque à laquelle il passait pour le premier capitaine de l'Europe. Il eut, en 1792 , le commandement en chef de l'armée coalisée prussienne et autrichienne, formée en vertu du traité de Pilnitz ; lança son fameux manifeste ; pénétra en France , fut arrêté et battu par Beurnonville, Dumouriez et Kellermann, et dut évacuer la France. Il donna sa démission en 1794. En 1806 il fut chargé du commandement de l'armée prussienne. Blessé à Aurestadt le 14 octobre , il alla mourir à Altona le 10 novembre suivant.

Napoléon faisait peu de cas du duc de Brunswick, qui, avec un projet offensif, n'avait fait, disait-il, que dix-huit lieues en quarante jours. (*Las Cases* , t. VII , p. 155.)

C.

CADOUDAL. (*Voyez* GEORGES.)

CAFFARELLI - DU - FALGA (LOUIS - MARIE - JOSEPH - MAXIMILIEN), né au Falga, le 15 février 1756. Il fit les premières campagnes de la révolution à l'armée du Rhin, où son mérite l'éleva rapidement aux premiers grades. Destitué en 1792, et emprisonné durant quatorze mois. Employé dans les bureaux du comité militaire, il reprit ensuite du service sous Kléber, en 1795. Général de brigade et commandant du génie en Egypte. Mort le 9 avril 1799, à Saint-Jean-d'Acre, où son tombeau est conservé avec un soin religieux par les Arabes.

« Les soldats de l'armée d'Egypte, dans leurs accès de mauvaise humeur, en voulaient beaucoup au général Caffarelli, qu'ils croyaient un des auteurs de l'expédition. Il avait une jambe de bois, ayant perdu la sienne sur les bords du Rhin. A Saint-Jean-d'Acre, le général en chef perdit Caffarelli qu'il aimait beaucoup, et dont il faisait le plus grand cas. » (*Las Cases*, t. I , p. 263 et 275.)

CAFFARELLI (Louis-Marie), frère du précédent, né au Falga en 1760. Cadet au régiment de Bretagne ; marin, lieutenant de vaisseau à l'époque de la révolution ; fit les campagnes des Pyrénées comme auxiliaires au corps du génie ; conseiller d'État, section de la marine ; préfet maritime à Brest en 1800 ; candidat au Sénat conservateur en 1804 et 1805 ; conseiller d'État honoraire à la restauration. Nommé pair de France dans les cent jours, il vit dans la retraite.

Caffarelli avait perdu dans l'esprit de l'empereur, parce qu'on lui avait peint sa femme comme une faiseuse d'affaires ; ce qui était pour Napoléon une proscription sans retour. (*Las Cases*, t. III , p. 297.)

CAMBACÉRÈS (Jean-Jacques Régis), né à Montpellier le 18 octobre 1753 ; conseiller à la Cour des Comptes-aides et finances de Montpellier en 1771 ; choisi pour remplir la seconde députation de la noblesse aux États-Généraux , qui ne fut point admise ; président du tribunal criminel en 1791 ; député à la Convention nationale ; président de la Convention après le 9 thermidor ; membre du Comité de selut public , et chargé de la direction des relations extérieures ; président de ce même Comité ; membre du Conseil des Cinq-Cents , et président le premier brumaire an 4 ; exclu de ce Conseil par le Directoire ; ministre de la justice au renouvellement du Directoire ; second Consul de la république ; archi-chancelier de l'Empire ; prince et duc de Parme ; conseiller intime de Marie-Louise pendant la régence de 1813. Retiré des affaires publiques à la restauration, il fut nommé ministre de la justice durant les cent jours , et présida la Chambre des Pairs ; exilé en 1816 ; rentré en France en 1818, il y est mort dans le mois de mars 1824.

« L'homme des abus , avec un penchant décidé pour l'ancien régime. » (*Las Cases*, t. III, p. 45.)

— Napoléon disait qu'au demeurant , il avait choisi en Cambacérès et Lebrun deux hommes de mérite, deux personnages distingués ; tous deux sages , modérés , capables , mais d'une nuance tout-à-fait opposée. L'un l'avocat des abus, des préjugés, des anciennes institutions, du retour des honneurs, des distinctions, etc., etc.; l'autre froid, sévère, insensible, combattant tous ces objets, y cédant sans illusion, et tombant naturellement dans l'idéologie. (*Las Cases*, t. IV, p. 463, 464.

CARNOT (LAZARE NICOLAS-MARGUERITE), né à Nolay
en Bourgogne, le 13 mai 1753. Il entra au service, dans
l'arme du génie, en 1771. Il n'avait encore que le grade
de capitaine, en 1783, lorsqu'il écrivit l'éloge de Vauban,
qui fut couronné par l'Académie de Dijon; il refusa de
brillans avantages dans les armées du grand Frédéric;
député à l'Assemblée législative, en 1791, par le départe-
tement du Pas-de-Calais; membre du Comité militaire;
député à la Convention; membre du Comité de salut
public; chargé de diriger les opérations militaires, il organisa quatorze armées partout victorieuses; président de
la Convention; il sortit du Comité après le 9 thermidor,
et y rentra le 15 brumaire suivant. Après la Convention,
il fut nommé à la nouvelle législature par dix-sept départemens. Élu directeur, ce fut encore des opérations militaires qu'il s'occupa. Carnot fut proscrit au 18 fructidor.
Au 18 brumaire, le premier Consul rappela Carnot, et le
nomma premier inspecteur-général aux revues; puis,
ministre de la guerre. Membre du tribunat en 1802, il
rentra dans la vie privée à la suppression de ce corps, et
publia le bel ouvrage de l'*Attaque et de la défense des places*.
Défenseur d'Anvers en 1813; ministre de l'intérieur dans
les cent jours; membre du Gouvernement provisoire;
proscrit en 1815, Carnot est mort à Magdebourg, à l'âge
de 70 ans.

« Carnot était entré très-jeune dans le génie. Il
soutint dans le corps le système de Montalem-
bert: il passait pour original parmi ses camarades; il était chevalier de Saint-Louis lors de la

révolution qu'il embrassa chaudement. Il fut nommé à la Convention, et membre du Comité de salut public avec Roberspierre, Barrère, Couthon, Saint-Just, Billaud-Varennes et Collot-d'Herbois ; il montra constamment une grande exaltation contre les nobles, ce qui occasionna plusieurs querelles singulières avec Roberspierre, qui, sur les derniers temps, en protégeait un grand nombre. Il était travailleur sincère dans tout ce qu'il faisait, sans intrigue, et facile à tromper. Il était près de Jourdan comme commissaire de la Convention au déblocus de Maubeuge ; il y rendit des services importans. Au Comité de salut public, il dirigea les opérations de la guerre, il y fut utile, sans mériter les éloges qu'on lui a donnés. Il n'avait aucune expérience de la guerre ; ses idées étaient fausses sur toutes les parties de l'art militaire, même sur l'attaque et la défense des places, et sur les principes des fortifications qu'il avait étudiés dès son enfance. Il a imprimé sur ces matières des ouvrages qui ne peuvent être avoués que par un homme qui n'a aucune pratique de la guerre. Il montra du courage moral. Après thermidor, lorsque la Convention mit en arrestation tous les membres du Comité de salut public, excepté lui, il voulut partager leur sort. Cette conduite fut d'autant plus noble, que l'opinion publique était violemment prononcée contre le Comité, et qu'effectivement, Collot-d'Herbois et Billaud-Varennes, avec qui il voulait s'associer, étaient des hommes affreux. Il fut nommé membre du Directoire après vendémiaire ; mais depuis le 9 thermidor, il avait l'ame déchirée par les reproches de l'opinion publique, qui attribuait au Comité tout le sang qui avait coulé sur les échafauds ; il sentit le besoin de plaire : il se laissa entraîner par les meneurs du parti de l'étranger ; alors il fut porté aux nues, mais il ne mérita pas les éloges des ennemis de la France ; il se trouva placé dans une fausse position, et succomba au 18 fructidor. Après le 18 brumaire, il fut rappelé et mis au ministère de la guerre par le premier consul ; il y montra peu de talens, et eut avec le ministre des finances et le directeur du trésor, Dufresne, beaucoup de querelles, dans lesquelles il avait le plus souvent tort ; enfin, il quitta le ministère, persuadé qu'il ne pouvait plus aller faute d'argent. Membre du Tribunat, il vota et parla contre l'Empire ; mais sa conduite toujours droite, ne donna point d'ombrage au Gouvernement. L'empereur lui accorda une retraite de 20,000 fr.; tant que les choses prospérèrent, il ne dit mot, et se tint dans son cabinet ; mais après la campagne de Russie, lors du malheur de la France, il demanda du service; la ville d'Anvers lui fut confiée; il s'y comporta bien. » (*Montholon*, t. III, p. 124 et 125.)

— Le discours de Napoléon à ses ministres en agitant l'abdication après Waterloo, fut la prophétie littérale de ce que nous avons vu depuis. Carnot fut le seul qui sembla le comprendre : il combattit cette abdication, qui, selon lui, était le coup de mort de la patrie; il voulait qu'on se défendît jusqu'à extinction, en désespérés; il fut le seul de son avis; tout le reste opina pour l'abdication : elle fut résolue, et alors Carnot s'appuyant la tête de ses deux mains, se mit à fondre en larmes. (*Las Cases*, t. III, p. 397 et 398.)

— « A mon retour de l'île d'Elbe, disait Napoléon, Carnot fut nommé ministre de l'intérieur; et j'eus tout lieu d'être satisfait de sa conduite. » (*O' Méara*, t. I, p. 178.)

— « Je le trouvai fidèle, probe, travailleur, et toujours vrai. » (*Las Cases*, t. IV, p. 174.)

— « Après l'abdication, Carnot fut nommé membre du Gouvernement provisoire; mais il y fut joué par les intrigans dont il était entouré. »

— « Carnot était un homme laborieux et sincère, mais sujet à l'influence des intrigues, et facile à se laisser tromper. » (*O' Méara*, t. I, p. 178.)

« Carnot est l'homme le plus honnête qui ait figuré dans la révolution : il a quitté la France sans un sou. » (*Las Cases*, t. II, p. 136.)

CARTEAUX (JEAN-FRANÇOIS), né à Allevan, dans le Forez, en 1751. D'abord peintre distingué ; aide-de-camp de la ville de Paris, au 14 juillet 1789 ; lieutenant de la garde nationale à cheval, il passa successivement par tous les grades militaires jusqu'à celui de général, qui lui fut conféré en 1793 ; commandant des troupes envoyées contre les Marseillais ; général en chef de l'armée des Alpes ; commandant l'armée du siége de Toulon ; nommé général en chef de l'armée d'Italie ; arrêté et renfermé à la Conciergerie ; employé à l'armée de l'Ouest, sous les ordres du général Hoche ; destitué ; réintégré en 1795 ; administrateur de la loterie ; mort pauvre, en 1813.

« Carteaux, homme superbe, doré depuis les pieds jusqu'à la tête, etc. » (*Las Cases*, t. I, p. 181.)

« Il était si borné, qu'il était impossible de lui faire comprendre que, pour avoir Toulon, il fallait aller l'attaquer à l'issue de la rade ; et

comme il était arrivé au commandant d'artillerie de dire parfois, montrant cette issue sur
la carte, que c'était là qu'était Toulon, Carteaux
le soupçonnait de n'être pas fort en géographie;
et quand enfin, malgré sa résistance, l'autorité
des représentans eût décidé cette attaque éloi-
gnée, ce général n'était pas sans défiance sur
quelque trahison. Il observait souvent avec in-
quiétude que Toulon n'était pourtant pas de ce
côté. »

« Carteaux voulut un jour forcer le commandant de placer une batterie adossée le long d'une
maison, qui n'admettait aucun recul, etc. »
(*Las Cases*, t. I, p. 183 et 184.)

« Voici quel fut le plan mémorable de Carteaux,
qu'il présenta au représentant : « Le général
« d'artillerie foudroiera Toulon pendant trois
« jours, au bout desquels je l'attaquerai sur
« trois colonnes et l'enleverai. » Mais à Paris, le
comité du génie trouva cette mesure expéditive
beaucoup plus gaie que savante, et c'est ce qui
contribua à faire rappeler Carteaux. » (*Las Cases*,
t. I, p. 185.)

CASTELREAGH (Robert-Stewart, lord), né en Irlande, en 1769 : fils du comte Londonderry. Membre de
la Chambre des Communes ; depuis, ministre dont les attributions embrassent, sous différentes dénominations, le
commerce, les colonies, les affaires étrangères, la marine et les finances ; représentant permanent du ministère
anglais, à tous les congrès qui ont eu lieu depuis 1813.

« C'est celui-là qui gouverne tout le reste du
ministère, et maîtrise jusqu'au prince même,
à l'aide de ses intrigues et de son audace. Fort
d'une majorité qu'il a lui-même composée, il est
toujours prêt à s'escrimer au parlement, et avec
la dernière impudeur contre la raison, le droit,
la justice, la vérité ; nul mensonge ne lui coûte,
rien ne l'arrête, tout lui est égal ; il sait que les
votes sont constamment là pour tout applaudir
et tout légitimer. Il a entièrement sacrifié son
pays, et le ravale chaque jour en le conduisant
au rebours de sa politique, de ses doctrines, de
ses intérêts. Il le livre tout-à-fait au continent.
La position se fausse à chaque instant davantage.
Dieu sait comment on s'en tirera !

« Lord C........ est regardé en Angleterre même
comme l'homme de l'immoralité. Il a débuté par
une apostasie politique, qui, bien que commune
dans son pays, laisse toujours une tache indélé-

bile. Il est entré dans la carrière sous les bannières de la cause du peuple, et il s'est fait l'homme du pouvoir et de l'arbitraire. Si on lui fait justice, il doit être exécré des Irlandais, ses compatriotes, qu'il a trahis, et des Anglais dont il a détruit les libertés au-dedans, et les intérêts au-dehors.

« Lord C......, élève de Pitt, dont il se croit peut-être l'égal, n'en est tout au plus que le singe : il n'a cessé de poursuivre les plans et les complots de son maître contre la France. Et ici, sa pertinacité, son obstination ont été peut-être ses véritables et seules qualités ; mais Pitt avait de grandes vues ; chez lui, l'intérêt de son pays marchait avant tout ; il avait du génie, il créait ; et de son île, comme point d'appui, il gouvernait et faisait agir à son gré les rois du continent. C...... au contraire, substituant l'intrigue à la création, les subsides au génie, s'important fort peu de son pays, n'a cessé d'employer le crédit et l'influence de ces rois du continent, pour asseoir et perpétuer son pouvoir dans son île. Toutefois, et voici la marche des choses d'ici-bas, Pitt, avec tout son génie, n'a cessé d'échouer, et C...... incapable, a complètement réussi.

« C...... s'est montré tout-à-fait l'homme du continent ; maître de l'Europe, il a satisfait tout le monde, et n'a oublié que son pays. Ses actes blessaient tellement l'intérêt national, ils étaient tellement au rebours des doctrines du pays, ils portaient tellement le caractère de l'inconséquence, qu'on ne comprend pas qu'une nation sage se soit laissée gouverner par un tel fou!!!... C'est l'espionnage et la délation qu'il répand à l'infini ; ce sont des agens provocateurs, création infernale, à l'aide desquels on est toujours sûr de trouver des coupables et de multiplier les victimes.... Non, lord C...... n'est point le ministre d'un grand peuple libre, chargé d'imprimer le respect aux nations étrangères ; c'est un visir des rois du continent, façonnant à leur instigation ses compatriotes à l'esclavage ; c'est le chaînon, le conducteur à l'aide duquel se déversent sur le continent les trésors de la Grande-Bretagne, et s'importent en Angleterre toutes les doctrines malfaisantes du dehors. » (*Las Cases*, t. VII, p. 264, 265, 266, 267, 269, 270.)

— « Lord Castelreagh, le soi-disant héritier de Pitt, a réuni dans sa politique le comble de toutes les sortes de turpitudes et d'immoralités. Chatam se faisait gloire d'être marchand ; lord Castelreagh, au grand détriment de sa nation, s'est donné la jouissance de faire le *Monsieur;* il a sacrifié son pays pour fraterniser avec les grands

du continent, et dès-lors a joint les vices du salon à la cupidité du comptoir ; la duplicité , la
souplesse du courtisan , à la dureté, à l'insolence
du parvenu. » (*Las Cases*, t. IV, p. 196.)

<hr>

CATHERINE II ALEXIOWNA (Sophie - Auguste-
Dorothée), princesse d'Anhalt Zerbst ; née à Steitin,
en 1729 ; mariée en 1745 à son cousin, le duc Charles-
Pierre-Ulric de Holstein-Gottorp , couronné sous le nom
de *Pierre III*, en 1762, étranglé la même année. Catherine n'eut qu'un fils légitime , Paul-Petrowitz , étranglé
en 1801. Cette impératrice est morte à Pétersbourg , en
1796 , à l'âge de 67 ans, après en avoir régné 35.

« C'était une maîtresse femme , disait l'empereur ; elle était digne d'avoir de la barbe au men-
ton. La catastrophe de Pierre et celle de Paul
étaient des révolutions de sérail , des coups de
main de janissaires. Ces milices de palais sont
terribles, observait-il , et d'autant plus dange-
reuses , que le souverain est plus absolu. Ma
garde impériale aussi eût pu devenir fatale sous
une autre main que la mienne. » (*Las Cases*, t. V,
p. 216.)

CATHERINE (Sophie-Dorothée-Frédérique) , née le 21 février 1783 ; elle est la sœur du roi régnant de Wurtemberg. Cette princesse fut mariée le 12 août 1807, au prince Jérôme Bonaparte, alors roi de Westphalie, dont elle a deux enfans. En 1814, elle a suivi son mari à Berne ; puis, à Gratz, d'où son père la fit retourner dans ses États à l'époque des *cent jours*. Jérôme l'y ayant rejointe après la seconde abdication de Napoléon, ils furent transférés au château d'Ellvangen, et traités comme prisonniers d'État. Catherine obtint enfin la permission de s'exiler avec son époux ; ils vivent maintenant tous les deux à Trieste, sous les noms de prince et de princesse de *Montfort*, titre qui a été donné à Jérôme par le roi de Wurtemberg.

« La conduite de cette princesse, lorsqu'après ma chute, son père, ce terrible roi de Wurtemberg, si despotique, si dur, a voulu la faire divorcer, est admirable. Cette princesse s'est inscrite dès-lors de ses propres mains dans l'histoire, etc. » (*Voyez* JÉRÔME) (*Las Cases*, t. III, p. 370.)

CAULAINCOURT (Armand-Augustin-Louis de), né à Caulaincourt, en 1773 ; fils du marquis de Caulaincourt, officier-général. Armand entra au service à 15 ans ; fut successivement sous-lieutenant, lieutenant, capitaine, aide-de-camp de son père, et officier d'état-major. Destitué et mis en prison en 1792, il n'en sortit qu'à la réquisition qui l'appelait à l'armée, où il servit pendant trois ans, comme grenadier ; il fut réintégré dans son grade de capitaine en l'an 3 ; aide-de-camp du général Dubayet ; chef d'escadron, colonel du deuxième de carabiniers. Envoyé diplomatique à Saint – Pétersbourg ; troisième aide-de-camp du premier consul ; général de brigade en l'an 11 ; général de division en 1805 ; grand-écuyer de l'Empire ; duc de Vicence ; ambassadeur en Russie ; rappelé en 1811. Après l'incendie de Moscow, ce fut M. de Caulaincourt qui accompagna Napoléon à Paris ; plénipotentiaire auprès des souverains alliés durant la campagne de Saxe, il signa l'armistice de Pleswitz ; plénipotentiaire au congrès de Prague ; sénateur en 1813 ; ministre des relations extérieures ; négociateur au congrès de Chatillon ; plénipotentiaire de Napoléon pour le traité du 11 avril 1814 ; ministre des relations extérieures durant les *cent jours* ; membre de la commission du Gouvernement provisoire ; porté sur la liste du 24 juillet, il en fut aussitôt rayé. Il vit maintenant retiré des affaires publiques.

« Bassano et Caulaincourt, deux hommes de cœur et de droiture. » (*Las Cases*, t. VII, p. 279.)

CHAMBURE (Auguste-Lepelletier de), né à Villeaux, le 30 mars 1789; lieutenant-colonel; durant le siége de Dantzick, il commanda cette compagnie franche, sur-nommée *l'Infernale*. Envoyé à Presbourg comme prisonnier, après la capitulation, il revint en France en 1815, et fit la campagne en qualité de commandant des voltigeurs de l'un des corps-francs de la Côte-d'Or. Condamné à mort en 1815; après trois ans d'exil, il se constitua prisonnier, et fut acquitté.

— Le capitaine de Chambure, chef de cette compagnie franche qui se couvrit de gloire durant le siége de Dantzick. Sa témérité et son audace furent toujours couronnées du succès. Cette compagnie avait été composée pour le service même du siége, de cent hommes, tirés des plus notoirement intrépides de tous les corps de l'armée ; elle justifia, surpassa même tout ce qu'on en attendait : les assiégeans, terrifiés par ses coups, l'honorèrent de l'épithète d'*infernale*. On la vit débarquer la nuit sur les derrières de l'armée russe, égorger les sentinelles, enclouer les canons, brûler les magasins, détruire les parcs, mettre en péril la personne des généraux mêmes, et regagner la place en traversant le camp ennemi, marchant sur le ventre de tous ceux qui s'opposaient à son passage. Ces faits et beaucoup d'autres sont consacrés dans les ordres du jour de cette armée.

Assurément dans les temps ordinaires qui nous ont dévancés, il n'est pas un de ces actes qui n'eût suffi pour immortaliser chacun de ceux qui y avaient pris part, et même parmi les prodiges de nos jours, ils méritaient encore d'être distingués. Napoléon, à son retour de l'île d'Elbe, voulut voir le brave Chambure qui avait été criblé de blessures ; il lui fut amené par le ministre de la guerre, et se trouva dès-lors désigné pour commander un corps de partisans sur la frontière orientale de la France : il s'y montra digne de lui-même. Deux officiers anglais tombèrent entre ses mains au cœur même de la France, et au moment de la violente exaspération que causaient nos nouveaux revers. De Chambure les sauva de la fureur des siens; leurs équipages, leurs effets furent même respectés. Le croirait-t-on? A peu de temps de là, cet officier, dont le courage, la loyauté, la délicatesse surtout eussent mérité une couronne, fut condamné par un tribunal français, aux galères à perpétuité, à la marque et au carcan, pour avoir détroussé, était-il dit, sur le grand chemin, deux officiers ennemis! Telle était la justice des partis! Quelles monstrueuses aberrations ne peuvent pas exercer

les troubles civils sur les jugemens et la conscience !

Le colonel de Chambure n'eut plus qu'à se dérober par une prompte expatriation ; vainement
chercha-t-il à faire connaître de loin la vérité ;
vainement les deux officiers anglais eux-mêmes
donnèrent-ils la plus grande publicité à leurs té-
moignages, à leur reconnaissance ; ce ne fut
qu'après bien du temps écoulé, et dans un moment de bonace politique, qu'il lui devint possible d'en appeler devant les tribunaux, en venant leur livrer sa personne ; et ils déclarèrent
cette fois qu'il n'y avait pas même lieu à inculpation. Certes, voilà un des traits caractéristi-
ques du temps. (*Las Cases*, t. IV, p. 155, 156
et 157.)

CHARETTE DE LA CONTRIE, né le 21 avril 1763, à Couffé, près d'Ancenis, département de la Loire-Inférieure. Il servit en qualité de lieutenant de vaisseau, au commencement de la révolution ; quitta le service en 1790 ; se maria ; quitta sa femme, et se rendit à Coblentz. Revint en France en 1792. Il refusa de prendre part à la première insurrection vendéenne de 1793 ; mais les paysans l'ayant menacé de le tuer, il fut forcé de se mettre à leur tête, et se réunit ensuite à la grande armée vendéenne, commandée d'abord par Cathelineau, et ensuite par Elbée. Se soumit à la République en 1795 ; reprit les armes dans la même année, et tomba entre les mains du général Travot. Traduit devant un conseil de guerre, il fut condamné à mort, et fusillé le 29 mars 1796.

De tous les chefs de la Vendée, Charette était le seul dont Napoléon fît un cas tout particulier. « J'ai lu une histoire de la Vendée : si les détails, les portraits sont exacts, disait-il, Charette est le seul grand caractère, le véritable héros de cet épisode marquant de notre révolution ; lequel, s'il présente de grands malheurs, n'immole pas du moins notre gloire. On s'y égorge ; mais on ne s'y dégrade point : on y reçoit des secours de l'étranger, mais on n'a pas la honte d'être sous sa bannière, et d'en recevoir un salaire journalier pour n'être que l'exécuteur de ses volontés. Charette me laisse l'impression d'un grand ca-

ractère , je lui vois faire des choses d'une énergie, d'une audace peu communes ; il laisse percer du génie. » (*Las Cases*, t. VII, p. 140 et 141.)

CHARLES IV (roi d'Espagne), fils de Charles III, et de
Marie-Amélie de Saxe. Il est né à Naples, le 11 novembre 1748. A l'âge de onze ans, il fut proclamé prince des
Asturies ; il épousa à dix-sept ans , Marie-Louise, infante de Parme. Ce n'est qu'en 1789 qu'il succéda à son
père sur le trône d'Espagne. Il resta seul allié de la France
jusqu'à la mort de Louis XVI. Il avait formé le projet de
passer en Amérique, en 1808, lorsque le peuple irrité
s'insurgea à Aranjuez : Charles IV abdiqua le lendemain
en faveur de son fils Ferdinand. Il se rendit ensuite à
Bayonne, redemanda le trône à son fils , qui fut obligé de
le lui retrocéder, et en disposa aussitôt en faveur de Napoléon. Charles IV vécut dès-lors à Fontainebleau , à Compiègne et à Marseille ; de là il se retira à Rome, où il est
mort le 20 janvier 1819, à l'âge de soixante-onze ans.

— « Le vieux roi, disait Napoléon, la reine, au
moment de l'événement , étaient l'objet de la
haine et du mépris des sujets. Le prince des Asturies conspira contre eux, les fit abdiquer, et
devint aussitôt l'amour, l'espoir de la nation. »
(*Las Cases*, t. IV, p. 229.)
— « On m'a imputé bêtement d'avoir pris part
à toutes ces intrigues ; mais j'y étais d'autant

plus étranger, que la dernière circonstance surtout dérangeait tous mes projets arrêtés avec le
père, et par suite desquels mes troupes se trouvaient déjà au sein de l'Espagne. Les deux partis
sentirent bien dès-lors que je pouvais et devais
être leur arbitre. Le roi détrôné s'adressa donc à
moi pour obtenir vengeance; et le fils y eut recours pour être reconnu. Tous deux s'empres-
sèrent de venir plaider devant moi.

— « Le prince de la Paix, ayant failli être massacré, persuada facilement le voyage de Bayonne
à Charles IV et à la reine, qui s'étaient eux-
mêmes vus en danger de périr par la multitude.
De son côté, le chanoine Escoiquiz, le véritable
auteur de tous les maux de l'Espagne, alarmé de
voir Charles IV protester contre son abdication,
ne voyant que l'échafaud, si son pupille ne triom-
phait pas, fut fort ardent à déterminer le jeune
roi. » (*Las Cases*, t. IV, p. 240 et 241.)

— « Je résolus de profiter de cette occasion
unique pour me délivrer de cette branche des
Bourbons, continuer dans ma propre dynastie
le système de la famille de Louis XIV, et enchaî-
ner l'Espagne aux destinées de la France. » (*Las
Cases*, t. IV, p. 230.)

— « J'offris à Charles IV et à la reine de me céder la couronne d'Espagne, et de vivre paisible-

ment en France ; ils s'y prêtèrent , je pourrais dire presque volontiers, tant ils étaient ulcérés contre leur fils , et tant eux et leur favori ne recherchaient désormais autre chose que le repos et la sûreté. » (*Las Cases*, t. IV, p. 242.)

— « Toutefois, j'embarquai fort mal toute cette affaire , je le confesse ; l'immoralité dut se montrer par trop patente, l'injustice par trop cinique , et le tout demeure fort vilain, puisque j'ai succombé ; car l'attentat ne se présente plus que dans sa hideuse nudité, privé de tout le grandiose et des nombreux bienfaits qui remplissaient mon intention. La postérité l'eût préconisé pourtant si j'eusse réussi. » (*Las Cases*, t. IV, p. 238.)

CHASSELOUP-LAUBAT , né le 18 août 1754. Entra au service comme volontaire au commencement de la révolution. Officier du génie en 1793 ; chef de bataillon dans la même arme en 1794 ; général de brigade et général de division dans la première campagne d'Italie ; conseiller d'État en 1811 ; sénateur et comte de l'empire après la retraite de Moscou ; pair de France le 4 juin 1814. Nommé de nouveau à la même Chambre après la seconde restauration.

« Le colonel Chasseloup commandait le génie à l'armée d'Italie, il fut fait général ; c'était un des meilleurs officiers de son corps, d'un caractère inégal, mais connaissant bien toutes les ressources de son art. ». (*Montholon*, t. III, p. 252.)

CHATAM (William Pitt, comte de), petit-fils de Thomas Pitt. William Pitt, beaucoup plus connu sous le nom de *Chatam*, naquit à Westminster, le 15 novembre 1708. Élève du collége de la Trinité à Oxford. D'abord cornette de cavalerie, puis avocat; élu membre du parlement par le bourg-pourri de Old-Sarum, il figura au rang des premiers orateurs, et siégea d'abord dans les rangs de l'opposition. Panégyrique de l'héritier du trône, en 1736, il en fut récompensé par la charge de gentilhomme de sa chambre; il se démit de cet emploi en 1745. Vice-trésorier d'Irlande; conseiller-privé, et payeur-général en 1746; se démit de ses emplois en 1754, pour se replacer dans les rangs de l'opposition. Principal secrétaire-d'État en 1756. Éloigné des affaires en 1757; rentré au ministère, comme premier ministre, la même année; démissionnaire en 1761. Rentré au ministère cinq ans après, il eut en même temps les titres de *vicomte Pitt, comte de Chatam*. Membre de la Chambre des lords, se démit encore de la place de garde-des-sceaux, en 1768, à cause de sa mauvaise santé. Lord Chatam mourut le 12 mai 1778. Il était le père de William Pitt.

— « La politique de lord Chatam pouvait avoir ses injustices, mais il les proclamait du moins

avec énergie ; elles avaient une certaine gran-
deur. Chatam se faisait gloire d'être un marchand. » (*Las Cases*, t. IV, p. 196.)

CLARKE (HENRI-JACQUES-GUILLAUME), né à Landre-
cies, le 17 octobre 1765 ; Irlandais d'origine. Élève de
l'École militaire de Paris ; sous-lieutenant au régiment
de Berwick en 1782 ; capitaine dans le régiment de
colonel-général en 1784 ; employé de l'ambassade française à Londres, en 1790 ; chef d'escadron de cavalerie en 1792 ; colonel du 2ᶜ régiment de cavalerie ; général
de brigade en 1793 ; chef d'état-major de l'armée du Rhin ;
suspendu de ses fonctions en 1795 ; chef du bureau topo-
graphique de la guerre ; général de division par le Directoire en 1795 ; envoyé en mission secrète près du général
Bonaparte ; disgracié en 1797 ; commandant de Lunéville
lors du congrès ; chargé d'affaires près du roi d'Étrurie ;
conseiller d'État ; secrétaire du cabinet de l'Empereur,
pour la marine et la guerre ; gouverneur de Vienne en
1805 ; ministre de la guerre en 1807 ; comte d'Hunebourg ;
duc de Feltre. Pair de France par le Roi en 1814 ; ministre de la guerre avant et après les *cent jours ;* maréchal
de France en 1817. Mort le 18 octobre 1818.

« Clarke, disait l'empereur, avait été envoyé
en Italie par le Directoire, qui commençait à me
croire dangereux : il l'avait chargé d'une mission
apparente et publique; mais il avait l'ordre se-

cret de m'observer, de s'assurer même si, au besoin, il y aurait possibilité de me faire arrêter ; et comme il y aurait eu peu de sûreté à s'adresser aux officiers de mon armée, à cet égard, les premières informations se prirent auprès du Directoire cisalpin, qui répondit qu'on devait s'éviter toute peine, et n'y point songer. »

— « Sa mission en Autriche, repoussée par cette puissance, je lui offris de le faire travailler, et il me resta ; depuis, je n'ai cessé d'en prendre soin, suivant ma coutume, bien qu'au fond nous n'eussions peut-être pas une grande sympathie, et je l'aurais indubitablement repris lors de mon retour, si je l'eusse retrouvé dans les rangs avec les autres. »

— « Son premier talent était d'être grand travailleur. »

— « Clarke avait la manie des parchemins ; il passait une partie de son temps à Florence, à chercher ma généalogie, disait Napoléon ; il s'occupait aussi beaucoup de la sienne, et était venu à bout de se persuader, je crois, qu'il était le parent de tout le faubourg Saint-Germain. »

— « .... Toutefois, je lui pardonne facilement ce qui me concerne. Plus d'une fois, en 1813 et 1814, on essaya de m'inspirer des doutes sur sa fidélité ; je ne m'y arrêtai jamais : je l'ai toujours cru probe et honnête. » (*Las Cases*, t. VI, p. 350, 351 et 354.)

« Clarke n'avait aucune habitude du commandement ; son genre d'esprit était celui d'un observateur : il s'occupa au quartier-général (bataille de Rivoli) à faire des recherches sur les officiers particuliers ; cela en mécontenta plusieurs, et lui attira des désagrémens ; il était homme de travail et intègre. » (*Montholon*, t. I, p. 21.)

— « Le temps devait faire pleine justice de Clarke. » (*Las Cases*, t. III, p. 44.)

CLAUSEL (Bertrand), né à Mirepoix (Ariége), le 12 décembre 1773. Volontaire en 1791 ; sous-lieutenant dans le 43ᵉ de ligne ; capitaine de chasseurs à cheval en 1792 ; adjudant-général en 1793. Chef d'état-major de la division Pérignon. Général de brigade et commandant de Bologne, lors de la retraite de Schérer en Italie. Général de division à l'armée de Saint-Domingue. Gouverneur de Raguse en 1807. Commandant en chef de l'armée française en Espagne, après la bataille de Salamanque. Commandant en chef de l'armée des Pyrénées dans les *cent jours*. Compris dans l'ordonnance du 24 juillet 1814, il s'exila aux États-Unis. C'est à cette époque que Christophe et Péthion offrirent de grandes récompenses au capitaine du bâtiment qui sauverait Clausel. Ce général est rentré en France en 1820, où il vit dans la retraite.

— « Les généraux qui semblaient devoir s'éle-ver, les destinées de l'avenir, étaient Gérard, Clausel, Foy, Lamarque, etc. : c'étaient mes nouveaux maréchaux. » (*Las Cases*, t. II, p. 20.)

— « En 1815, Clausel montra la plus grande fermeté à l'armée de Bordeaux. » (*Las Cases*, t. I, p. 59.)

COBENTZL (Louis, comte de), né à Bruxelles en 1753. Il entra de bonne heure dans la carrière diplomatique, et dès l'âge de 27 ans, fut envoyé en ambassade auprès de l'impératrice de Russie Catherine II, dont il mérita la faveur par sa galanterie. Il conclut en 1795 une triple alliance entre la Russie, l'Angleterre et l'Autriche. Il fut plénipotentiaire autrichien pour signer le traité de Campo-Formio. Envoyé au congrès de Rastadt, puis à Lunéville; ministre d'État, et vice-chancelier en 1801. Sa démission fut acceptée en 1805, et il mourut à Vienne, le 22 février 1808.

« M. de Cobentzl était, à l'époque du traité de Campo-Formio, disait Napoléon, l'homme de la monarchie autrichienne, l'ame de ses projets, le directeur de sa diplomatie. Il avait occupé les premières ambassades de l'Europe, et s'était trouvé long-temps auprès de Catherine, dont il avait la bienveillance particulière. Fier de son rang et de son importance, il ne doutait pas que la dignité de ses manières, et son habitude des cours, ne dussent écraser facilement un général sorti des camps révolutionnaires : aussi aborda-t-il le général français, observait Napoléon, avec une certaine légèreté; mais il suffit de l'attitude et des premières paroles de celui-ci, pour le remettre aussitôt à sa place, dont, au demeurant, il ne chercha jamais plus à sortir. » (*Las Cases*, t. VI, p. 346.)

COCKBURN (SIR GEORGES), amiral anglais. Il a commandé l'expédition anglaise qui a incendié les principaux édifices de Washington. C'est lui qui commandait le vaisseau *le Northumberland*, sur lequel Napoléon a été porté à Sainte-Hélène, et qui a commandé cette île jusqu'à l'arrivée de sire Hudson-Lowe.

« L'amiral Cockburn était bien loin d'être un méchant homme ; il est même susceptible d'élans généreux et délicats ; mais il est capricieux, irascible, vain, dominateur, fort habitué à l'autorité, l'exerçant sans élégance ; mettant souvent la force à la place de la dignité. Comme geolier, il a été doux, humain, généreux ; toutes les personnes de la suite de Napoléon lui doivent de la reconnaissance ; mais comme hôte, il a été généralement impoli, souvent pis encore, et ces mêmes personnes ont eu lieu d'en être mécontentes et de s'en plaindre. » (*Las Cases*, t. III, p. 47 et 75.)

CORNWALLIS (Charles, marquis et comte de), né le 31 décembre 1738, fit ses premières armes dans la guerre de sept ans. Colonel en 1761 ; membre de la Chambre des communes, en 1762, aide-de-camp et chambellan du Roi ; général dans la campagne contre les Américains ; prisonnier des Français en Amérique, le 19 octobre 1781 ; gouverneur général du Bengale, en 1786 ; vice-roi d'Irlande, en 1798 ; plénipotentiaire pour signer la paix d'Amiens, en 1802 ; gouverneur général de l'Inde, en 1805. Mort à Chazepour, dans la province de Bénarès, le 5 octobre 1805.

— « Lord Cornwallis, disait Napoléon, est le premier Anglais qui m'ait donné une sérieuse bonne opinion de sa nation.

« Cornwallis était, dans toute l'étendue du terme, un digne, brave et honnête homme. Lors du traité d'Amiens, et l'affaire convenue, il avait promis de signer le lendemain, à une certaine heure : quelque empêchement majeur le retint chez lui ; mais il envoya sa parole. Le soir même, un courier de Londres vint lui interdire certains articles. Il répondit qu'il avait signé, et vint apposer sa signature. Nous nous entendions à merveille ; je lui avais livré un régiment qu'il s'amusait fort à faire manœuvrer. En tout, j'en ai conservé un souvenir agréable, et il est certain qu'une demande de lui eût eu plus d'empire sur moi, peut-être, que celle d'un souverain. Sa famille a paru le deviner ; on m'a fait quelquefois des demandes en son nom , elles ont toutes été satisfaisantes. » (*Las Cases*, t. IV, p. 196 et 197.)

— « Il suffirait d'une demi-douzaine de Fox et de Cornwallis , pour faire la fortune morale d'une nation. .....» (*Las Cases*, t. IV, p. 198.)

COSTE , colonel au service du roi de Sardaigne.

— Le général Latour et le colonel Coste , furent chargés des pouvoirs du roi de Sardaigne , lors de l'armistice de Cherasque , etc.

— « Le colonel Coste , natif de Savoie , était dans la force de l'âge ; il s'exprimait avec facilité , avait beaucoup d'esprit , et se montrait sous des rapports avantageux. » (*Las Cases* , t. II , p. 252.)

D.

DARU (le comte Pierre-Antoine-Noel-Bruno), né en
1767, à Montpellier, où son père était secrétaire de l'in-
tendance. Il embrassa la carrière de l'administration militaire, fit plusieurs campagnes en qualité de commissaire
des guerres, et fut ordonnateur en 1799, dans la campagne
d'Helvétie. Après la révolution du 18 brumaire an 8, il
devint chef de division au ministère de la guerre. M. Daru
fut ensuite secrétaire-général du même département, et
passa au tribunat. Successivement, conseiller – d'État,
comte de l'Empire, intendant de la liste civile, et enfin,
commissaire-général de la grande armée, en 1806. Il est
aujourd'hui pair de France, et membre de l'Académie
française.

« C'est un homme d'une extrême probité, sûr
et grand travailleur. A la retraite de Moscou, la
fermeté de M. Daru s'est fait particulièrement
remarquer. Au travail du bœuf, disait Napoléon,
Daru joignait le courage du lion. Le travail semblait l'élément de M. Daru : il avait toujours rempli ses instans. » (*Las Cases*, t. VI, p. 31.)

DAUNOU (Pierre-Claude-François), né à Boulogne-sur-mer, en 1761, fut de la congrégation de l'Oratoire ; devint, en 1791, grand-vicaire de l'évêque constitutionnel du Pas-de-Calais, et au mois de septembre 1792, député de ce département à la Convention nationale. Devenu membre du Conseil des Cinq-Cents, il en fut le premier président. En janvier 1800, il fut élu président du tribunat ; au mois de décembre 1804, il remplaça Camus dans les fonctions d'archiviste du Corps-Législatif. Depuis la restauration, il a été membre de la Chambre des Députés ; il est encore aujourd'hui principal rédacteur du *Journal des Savans*, et membre de l'Académie des inscriptions.

« Daunou était oratorien, député du Pas-de-Calais, homme de bonnes mœurs, bon écrivain : il avait rédigé la constitution de l'an 3 ; il fut le rédacteur de celle de l'an 8 ; il a été archiviste impérial. » (*Gourgaud*, t. 1, p. 135.)

DEBELLOY (Jean-Baptiste), né le 9 octobre 1709, à Morangiès, près Senlis. Vicaire-général, official et archidiacre de Beauvais, sous le cardinal de Gèvres ; évêque de Glandèves en 1751 ; député à l'Assemblée du clergé, qui eut lieu en 1755 ; évêque de Marseille à la mort de M. de Belzunce. Il vécut retiré durant la révolution. En 1801, il sacrifia son titre d'évêque, pour donner l'exemple de la soumission au Gouvernement. Archevêque de Paris en 1802 ; cardinal en 1803. Debelloy mourut le 10 juin 1808, dans sa quatre-vingt-dix-neuvième année.

L'empereur l'appelait le digne cardinal. Il fut du nombre de ces anciens évêques qui affectionnaient sincèrement Napoléon, et qui eurent sa confiance. Nul ne la trompa ; ceux dont il a eu à se plaindre étant précisément ceux qu'il avait faits lui-même. (*Las Cases*, t. V, p. 110.)

DECRÈS (Denis), né en 1762 à Château-Vilain en Champagne, d'une famille noble ; fut nommé garde-marine à l'âge de dix-huit ans, et lieutenant de vaisseau en 1786. Pendant les premières campagnes de la révolution, M. Decrès remplit les fonctions d'aide-major-général de la division de l'Inde, et fut élevé successivement aux grades de capitaine de vaisseau en 1793, de chef de division en 1795, et de contre-amiral, le 16 avril 1797. En 1800, il fut nommé préfet du quatrième arrondissement maritime à Lorient. Enfin, un arrêté du Gouvernement, du 1er octobre 1802, lui confia le ministère de la marine et des colonies. En 1813, il fut créé duc. M. Décrès est mort en 1823.

Napoléon ne pouvait pas dire qu'il fût content de Decrès, et il pensait qu'on pouvait peut-être lui reprocher sa constance à son égard. Mais le manque de sujets avait dû le maintenir ; car après tout, assurait-il, Decrès était encore ce qu'il avait pu trouver de mieux. Il avait du commandement ; son administration était rigoureuse et pure. Il avait de l'esprit, et beaucoup, mais seulement pour sa conversation et sa politique personnelle. Il ne créait rien, exécutait mesquinement, marchait et ne voulait pas courir. (*Las Cases*, t. III, p. 296-298.)

L'impopularité de Decrès était extrême. (*Idem*, p. 301.)

DE FERMON-DES-CHAPELIÈRES (le comte JOSEPH), né à Rennes vers 1756, était procureur au parlement de Bretagne, lorsqu'il fut élu député du Tiers-État de la sénéchaussée de Rennes, aux États-Généraux. Député à la Convention par le département d'Ille-et-Vilaine, il en fut élu secrétaire, le 5 novembre 1792, et président, le 1er décembre. Il fit ensuite partie du Conseil des Cinq-Cents. Après le 18 brumaire, il fut appelé au Conseil-d'État. Nommé ministre d'État, le 15 novembre 1807. Élu en 1811, candidat au Sénat-Conservateur, par le collége électoral d'Ille-et-Vilaine, le même département le nomma à la Chambre des représentans de 1815; banni au second retour du Roi, par l'ordonnance du 17 janvier 1816, il se retira à Bruxelles.

« Le Conseil-d'État était généralement composé, disait l'empereur, de gens instruits, grands travailleurs, et de bonne réputation. Fermon et Boulay, par exemple, sont certainement de braves et honnêtes gens. Malgré les immenses affaires litigieuses qu'ils ont gérées, et les gros émolumens dont ils jouissaient, on ne me surprendrait pas du tout si l'on m'apprenait qu'aujourd'hui ils sont tout au plus au-dessus de l'aisance. » (*Voy.* Boulay.) (*Las Cases*, t. I, p. 342.)

DESAIX DE VOYGOUX (Louis-Charles-Antoine),
né à Saint-Hilaire d'Ayat, en Auvergne, dans l'année 1768. Elève de l'école d'Effiat ; sous-lieutenant dans
le régiment de Bretagne ; commissaire des guerres en 1791 ;
aide-de-camp du général Victor de Broglie. Il passa rapidement par tous les grades, jusqu'à celui de général de
division, qui lui fut accordé en 1796 ; défendit Kehll ; alla
en Egypte, où il gouverna ce pays ; revint en France,
après le traité d'El-Arisch ; se hâta de se rendre à l'armée
d'Italie, commandée par le premier Consul ; arriva sur le
champ de bataille de Marengo, avec la réserve, le 25 prairial an 8, chargea aussitôt les Autrichiens, et mourut en
déterminant la victoire. Son corps embaumé, fut transféré à l'hospice du Grand Saint-Bernard, où un monument lui a été élevé par la patrie.

« De tous les généraux que j'ai eus sous
moi, Desaix et Kléber ont été ceux qui avaient
le plus de talent ; surtout Desaix, parce que
Kléber n'aimait la gloire qu'autant qu'elle lui
procurait des richesses, et méprisait toute
autre chose. Desaix ne rêvait que la guerre et la
gloire. Les richesses et les plaisirs n'étaient rien
pour lui ; il ne leur accordait pas même une
seule pensée. C'était un petit homme d'un air
sombre, à-peu-près d'un pouce moins grand
que moi, toujours vêtu avec négligence, quelquefois même déchiré, méprisant les jouissances

et même les commodités de la vie. Plusieurs fois,
lorsqu'il était en Egypte, je lui fis présent d'un
équipage de campagne complet, mais il le per-
dait aussitôt. Enveloppé dans son manteau,
Desaix se jetait sur un canon, et dormait aussi
à son aise que s'il eût été couché sur l'édredon.
La mollesse n'avait pour lui aucun charme.
Droit et honnête dans tous ses procédés, les
Arabes l'avaient appelé le *juste Sultan*. La nature
l'avait formé pour faire un grand général. »
(*O' Méara* , t. I , p. 228.)

— Kléber était le talent de la nature : le talent
de Desaix était entièrement celui de l'éducation
et du travail. Le génie de Kléber ne jaillaissait
que par momens, quand il était réveillé par l'importance de l'occasion, et il se rendormait au
sein de la mollesse et des plaisirs. Le talent de
Desaix était de tous les instans ; il ne vivait, ne
respirait que l'ambition noble et la véritable
gloire : c'était un caractère tout-à-fait antique.
Napoléon disait que sa mort était la plus grande
perte qu'il ait pu faire; leur conformité d'éducation et de principes , eût fait qu'ils se seraient toujours entendus : Desaix se serait con-
tenté du second rang, et fût toujours demeuré
dévoué et fidèle. S'il n'eût pas été tué à Marengo, le premier Consul lui eût donné l'armée

d'Allemagne, au lieu de la continuer à Morcau.

« Du reste, une circonstance bien extraordinaire dans la destinée de ces deux lieutenans de Napoléon, c'est que le même jour et à la même heure où Kléber périssait assassiné au Caire, Desaix tombait, à Marengo, d'un coup de canon. » (*Las Cases*, t. I, p. 287.)

— « Desaix possédait à un degré très-supérieur cet équilibre de l'esprit avec le caractère ou le courage. » (*Las Cases*, t. II, p. 18.)

DOPPET (François-Amédée), né à Chambéry, au mois de mars 1753. S'engagea d'abord dans un régiment de cavalerie ; entra ensuite dans les gardes françaises ; étudia la médecine , et fut reçu docteur à Turin ; rédacteur des *Annales patriotiques* ; lieutenant-colonel de la légion des Allobroges ; général de brigade dans l'armée de Carteaux ; général en chef de l'armée des Alpes ; commandant le siége de Lyon ; dirigea quelques jours celui de Toulon ; passa aussitôt à l'armée des Pyrénées-Orientales ; quitta le service en 1794 ; commandant de Metz, en 1796 ; élu au Conseil des Cinq-Cents ; sa nomination fut annulée. Doppet est mort en 1800 , à Aix en Savoie.

« Doppet, général en chef au siége de Toulon, était Savoyard, médecin, ayant plus d'esprit que Carteaux, mais aussi ignorant dans tout ce qui tenait à l'art de la guerre ; c'était un coryphée de la société des Jacobins, ennemi de tout ce qui avait du talent.

« Doppet fut envoyé ensuite à l'armée des Pyrénées, où il signala son arrivée en faisant guillotiner grand nombre de généraux. » (*Montholon*, t. III.)

⥇ ⥇⥇⥇⥇⥇⥇⥇⥇

DROUET (le comte d'Erlon), né à Reims, le 29 juin 1765, s'enrôla, en 1792, dans un bataillon de volontaires nationaux, et fit, en qualité d'aide-de-camp du général Lefebvre, les campagnes de 1793, 1794, 1795 et 1796, aux armées de la Moselle et de Sambre-et-Meuse. Général de brigade en 1799 ; devenu général de division, il servit en cette qualité à la grande armée d'Allemagne. Après la restauration, il obtint le commandement de la 16ᵉ division militaire ; pair de France dans les cent jours ; compris dans l'ordonnance du 24 juillet, il se réfugia en Allemagne.

« A Waterloo, Derlon s'est rendu inutile. Si le soir il eût connu la position de Grouchi, et qu'il eût pu s'y jeter, il lui eût été possible, au jour, avec cette magnifique réserve, de rétablir les affaires, et peut-être même de détruire les alliés par un de ces prodiges, de ces retours de fortune qui lui étaient familiers; ils n'eussent surpris personne. Mais il n'avait nulle connaissance de Grouchi, et puis il n'était pas facile de se gouverner au milieu des débris de cette armée : c'était un torrent hors de son lit, il entraînait tout. » (*Las Cases*, t. II, p. 15 et 16.)

DROUOT (le comte ANTOINE), né à Nancy, le 11 janvier 1774. Il entra dans l'artillerie comme lieutenant, en 1793; fit toutes les campagnes de la révolution dans cette arme, notamment celle d'Égypte, et parvint au grade de major, dans l'artillerie à pied de la garde impériale, grade qu'il occupait en 1809. Il fut nommé ensuite général de brigade, et aide-de-camp de l'empereur en 1813. En 1815, ce général suivit Napoléon à l'île d'Elbe ; devenu, à son retour, commandant-général de la garde impériale, il a été compris ensuite dans l'ordonnance du 24 juillet 1815, traduit devant un conseil de guerre, et acquitté.

Napoléon élevait au plus haut point les talens et les facultés du général Drouot. « Tout est problême dans la vie, disait-il; ce n'est que par le connu qu'on peut arriver à l'inconnu. » Or, il connaissait déjà, observait-il, comme certain dans Drouot, tout ce qui pouvait en faire un grand général. Il avait les raisons suffisantes pour le supposer supérieur à un grand nombre de ses maréchaux. Il n'hésitait pas à le croire capable de commander cent mille hommes; « et peut-être ne s'en doute-t-il pas, ajoutait-il, ce qui ne serait qu'une qualité de plus. » (*Las Cases*, t. IV, p. 346.)

— « Drouot est un homme qui vivrait aussi satisfait, pour ce qui le concerne personnellement, avec quarante sous par jour, qu'avec les revenus d'un souverain. Plein de charité et de religion, sa morale, sa probité et sa simplicité, lui eussent fait honneur dans les plus beaux jours de la république romaine. » (*O' Méara*, t. II, p. 88.)

— « Il n'existait pas deux officiers, dans le monde, pareils à Murat pour la cavalerie, et à Drouot pour l'artillerie. » (*O' Méara*, t. II, p. 76.)

DUCOS (Jean-François), né à Bordeaux, est fils d'un négociant. Il fut député en 1791, à l'Assemblée législative,
et en 1792, à la Convention, par le département de la
Gironde. Livré au tribunal révolutionnaire, il fut condamné à mort, le 31 octobre 1793 ; il était âgé de vingt-
huit ans.

« Ducos était un homme d'un caractère borné
et facile. » (*Gourgaud*, t. I, p. 58.)

DUGOMMIER (Jean-François Coquille), naquit à la
Basse-Terre , dans l'île de la Guadeloupe, en 1736, et
entra au service à l'âge de treize ans. Il y obtint quelque
avancement, et mérita la croix de Saint-Louis. Commandant-général des gardes nationales de la Martinique, à
l'époque de la révolution. Arrivé en France en 1792, il fut
employé comme général de brigade à l'armée d'Italie, où
il obtint le grade de général de division. Chargé du siége
de Toulon vers la fin de 1793, il dirigea ce siége , après le
rappel du général Carteaux, avec beaucoup d'habileté et
de vigueur. Il passa bientôt après au commandement de
l'armée des Pyrénées-Orientales , et fut tué près de Saint-
Sébastien , par un éclat d'obus, le 17 novembre 1794.

« Le brave Dugommier prit le commandement
du siége de Toulon, le 20 novembre ; il avait

quarante ans de service ; c'était un des riches colons de la Martinique, officier retiré. Au moment de la révolution, il se mit à la tête des patriotes, et défendit la ville de Saint - Pierre ; chassé de l'île, lorsque les Anglais y entrèrent, il perdit tous ses biens. Il était employé comme général de brigade à l'armée d'Italie, lorsque les Piémontais, voulant profiter de la diversion du siége de Toulon, méditèrent de passer le Var et d'entrer en Provence ; il les battit au camp de Gillette, ce qui les décida à reprendre leur ligne. Il avait toutes les qualités d'un vieux militaire ; extrêmement brave de sa personne, il aimait les braves et en était aimé ; il était bon, quoique vif ; très-actif, juste ; avait le coup-d'œil militaire, du sang-froid et de l'opiniâtreté dans le combat. » (*Montholon*, t. III.)

DUBERMION (N.), général de division, sous les ordres du général en chef Biron. Commanda par *interim* l'armée d'Italie, en 1794 ; il quitta le service lorsque son successeur Schérer fut arrivé, et se retira dans une solitude où ses jours se terminèrent : il mourut à l'âge de soixante-trois ans.

« Ce général, vieux capitaine de grenadiers, avait obtenu le grade de colonel, de général de brigade et de division dans la campagne de 1792 et 1793 à l'armée d'Italie : c'était un homme de 60 ans, d'un esprit droit, brave de sa personne, assez instruit, mais rongé de goutte, et constamment au lit ; il était des mois entiers sans pouvoir bouger. » (*Montholon*, t. I , p. 61.)

DUMESNIL (Pierre) *, né à Périgueux le 14 juillet 1777 ;
volontaire à l'époque de la révolution ; ensuite dans les
guides du général Bonaparte ; puis chef d'escadron de la
garde impériale, en 1808, et bientôt après major. Il perdit sa jambe à Wagram, et non dans la campagne de
Russie. Maréchal-de-camp, et gouverneur de Vincennes
en 1812 ; gouverneur de Condé à la première restauration ;
et une seconde fois gouverneur de Vincennes dans les
cent jours. Ce général est à la retraite depuis 1815.

Dumesnil était un de ces deux braves grenadiers qui donnèrent une preuve si touchante de
leur dévouement héroïque au général en chef de
l'armée d'Egypte, en le couvrant de leurs corps
pour le garantir des éclats d'une bombe tombée
à ses pieds. Dumesnil perdit une jambe à la campagne de Moscou, et commanda la place de
Vincennes, lors de l'invasion de 1814. Depuis
plusieurs semaines la capitale était occupée par
les alliés, que Dumesnil tenait encore. Il n'était
alors question, dans tout Paris, que de son obstination à se défendre, et de la gaîté de sa réponse aux sommations russes : « Quand vous

----

* *Note des Éditeurs*. Nous avons conservé ce nom tel qu'il
se trouve écrit dans le *Mémorial de Sainte-Hélène* ; mais les
recherches que nous avons faites, nous ont démontré que
ce général se nomme DAUMESNIL.

me rendrez ma jambe, je vous rendrai ma place. » (*Las Cases*, t. I, p. 276.)

DUPHOT (Léonard), né à Lyon, au faubourg de la Guillotière, vers 1770. Entra au service à quinze ans ; fit ensuite partie de l'un des bataillons de volontaires nationaux qui furent créés au commencement de la révolution, dans lequel il parvint au grade de chef de bataillon. Adjudant-général en l'an 2 ; général de brigade à l'armée d'Italie, il se trouvait à Rome à la suite de l'ambassadeur Joseph Bonaparte ; il y fut tué le 8 nivose an 6, à côté de l'ambassadeur, dans une émeute contre les Français. Le lendemain, Duphot devait épouser la belle-sœur de Joseph, qui est aujourd'hui l'épouse du roi de Suède.

— « Le jeune Duphot, général de la plus belle espérance, qui se trouvait à Rome comme voyageur, lorsque la cour de Rome mit à la tête de ses troupes le général autrichien Provera, fut massacré à la porte de l'ambassadeur de France, en cherchant à empêcher le tumulte que l'on avait excité contre les Français. » (*Las Cases*, t. IV, p. 103.)

« Le jeune Duphot était la vertu même. » (*Las Cases*, t. III, p. 279.)

DUROC (Michel), né à Pont-à-Mousson, en 1772. Son père était capitaine, chevalier de Saint-Louis. Duroc fit ses études à l'École militaire de Pont-à-Mousson ; entra ensuite à l'École d'artillerie de Châlons. Lieutenant le 1er mars 1792 ; capitaine le 1er frimaire an 3, et capitaine-commandant en l'an 5 ; aide-de-camp du général Lespinasse, et ensuite du général en chef Bonaparte ; chef de bataillon et chef de brigade dans la campagne d'Égypte. Après le 18 brumaire, il fut envoyé en mission diplomatique à Berlin. Premier aide-de-camp du premier Consul, à Marengo ; général de brigade et gouverneur des Tuileries ; général de division en 1805 ; grand maréchal du Palais sous l'Empire ; sénateur ; duc de Frioul. Duroc fut souvent chargé de missions diplomatiques fort importantes ; il fit néanmoins toutes les campagnes avec Napoléon, et fut tué par un boulet, le 13 mai, après la bataille de Wurtchen.

Napoléon, au siége de Toulon, distingua et s'attacha un jeune officier du train, qu'il eut d'abord beaucoup de peine à former ; mais dont il a tiré depuis les plus grands services : c'était Duroc qui, sous un extérieur peu brillant, possédait les qualités les plus solides et les plus utiles ; aimant l'empereur pour lui-même, dévoué pour le bien, sachant dire la vérité à propos. Il a été depuis duc de Frioul et grand maréchal. Il avait mis le palais sur un pied admirable et dans l'ordre le plus parfait. A sa mort, l'empereur pensa qu'il avait fait une perte irréparable, et une foule de personnes l'ont pensé comme lui. L'empereur disait que Duroc seul avait eu son intimité, et possédé son entière confiance. (*Las Cases*, t. I, p. 197 et 198.)

« Duroc avait des passions vives, tendres, secrètes, qui répondaient peu à sa froideur extérieure. J'ai été long-temps sans le savoir, tant son service était exact et régulier. Ce n'était que quand ma journée était entièrement close et finie, quand je reposais déjà, que la sienne commençait. Le hasard seul ou quelque accident a pu me le faire connaître. Duroc était pur et moral, tout-à-fait désintéressé pour recevoir, extrêmement généreux pour donner. » (*Las Cases*, t. II, p. 182 et 183.)

Le lendemain de la bataille de Vurtchen, sur le soir, le léger combat de Reichenbac venait de finir ; tous les coups avaient cessé. Duroc, du haut d'une éminence, et causant avec le général Kirchner, observait à l'écart la retraite des derniers rangs ennemis. Une pièce fut ajustée sur ce groupe doré, et le fatal boulet fit périr les deux généraux.

Duroc influait plus qu'on ne pense sur les

déterminations de l'empereur : sa mort a peut-être été, sous ce rapport, une calamité nationale ; elle fut une des fatalités de la carrière de Napoléon. (*Las Cases*, t. II, p. 185 et 186.)

E.

ÉMÉRIAU (le comte MAURICE-JULIEN), est né à Cárhaix,
en Bretagne, en 1762. Il commença sa carrière dans la
marine, comme volontaire d'honneur, quelque temps
avant la guerre d'Amérique; il fut fait sous-lieutenant de
vaisseau en 1786, et lieutenant en 1791; il fut ensuite
promu au grade de capitaine de vaisseau, et bientôt à celui
de chef de division. En 1803, il fut nommé préfet maritime à Toulon; en 1811, il commanda l'escadre de ce
port, et le 7 mars 1813, il fut élevé au grade de vice-
amiral, et eut le titre d'inspecteur-général des côtes de la
Ligurie. Au retour de Napoléon de l'île d'Elbe, il fut
nommé pair; il a été mis en retraite en 1816.

— « J'avais eu un moment l'idée de donner le
ministère de la marine à Émériau; mais je ne
le trouvai pas à cette hauteur. » (*Las Cases*, t. III,
p. 297.)

ESTÈVE (le comte MARTIN-ROCH-XAVIER), né à Mont-pellier. Il suivit le général Bonaparte en Égypte, et eut ensuite l'administration de son trésor particulier. A la création de l'Empire français, M. Estève devint adminis-trateur-général des domaines de la couronne, emploi qu'il conserva jusqu'en 1812, époque à laquelle il fut remplacé par M. de la Bouillerie. Cette disgrace affecta la raison de M. Estève, au point qu'il la perdit entièrement quelque temps après.

— « Estève, son prédécesseur, (*Voyez* LA BOUILLERIE), n'en eût pas fait autant : il m'était chaudement attaché : il m'eût conduit mon tré-sor par force à Fontainebleau. S'il ne l'eût pu, il l'eût enterré, jeté dans les rivières, distribué, plutôt que de le livrer. » (*Las Cases*, t. IV, p. 136.)

F.

FERDINAND VII, roi d'Espagne et des Indes, fils de
Charles IV, et de Marie-Louise de Parme, est né à Saint-
Ildephonse, le 13 octobre 1784, a épousé successivement
Marie-Antoinette-Thérèse, fille de Ferdinand IV, roi
de Naples et des Deux-Siciles, morte le 21 mai 1806;
Isabelle-Marie-Françoise, infante de Portugal, décédée
le 26 décembre 1808, et Marie-Josephe-Amélie, princesse de Saxe, actuellement reine d'Espagne. Ferdinand
monta sur le trône par suite de l'abdication de Charles IV,
qui eut lieu à Aranjuez, le 19 mars 1808. Céda la couronne à Napoléon, qui la donna à son frère Joseph. Ferdinand fut exilé à Valençay. Il rentra dans son royaume
le 3 mars 1814. Devint roi constitutionnel, par suite de
la révolution de 1820, et roi absolu en 1823.

— « Lors des événemens d'Aranjuez, le vieux
roi, la reine étaient l'objet de la haine et du mépris des sujets. Le prince des Asturies conspira
contre eux, les fit abdiquer, et devint aussitôt
l'amour, l'espoir de la nation. » (*Las Cases*, t. IV,
p. 229.)

— « On m'a imputé bêtement d'avoir pris part

à toutes ces intrigues ; mais j'y étais d'autant
plus étranger, que la dernière circonstance surtout dérangeait tous nos projets arrêtés avec le
père, et par suite desquels mes troupes se trouvaient déjà au sein de l'Espagne. Les deux partis sentirent dès-lors que je pouvais et devais
être leur arbitre. Le roi détrôné s'adressa donc à
moi pour obtenir vengeance ; et le fils y eut recours pour être reconnu. Tous deux s'empres-
sèrent de venir plaider devant moi, également
poussés par leurs conseillers respectifs, ceux-là
même qui les gouvernaient tout-à-fait, et qui ne
voyaient plus d'autres moyens pour assurer leur
propre tête, que de se jeter dans mes bras. »
(*Las Cases*, t. IV, p. 240, 241.)

— « Lorsque tous ces personnages furent réunis à Bayonne, je résolus de profiter de cette occasion unique pour me délivrer de cette branche
des Bourbons, continuer dans ma propre dynastie ce système de la famille de Louis XIV, et en-
chaîner l'Espagne aux destinées de la France. »
(*Las Cases*, t. IV, p. 230.)

— « Je n'avais pas combiné, mais je profitai.
Ici j'avais le nœud gordien devant moi, je le
coupai ; j'offris à Charles IV et à la reine de me
céder la couronne d'Espagne, et de vivre paisiblement en France ; ils s'y prêtèrent, je pourrais

dire presque volontiers, tant ils étaient ulcérés contre leur fils, et tant eux et leurs favoris ne recherchaient autre chose, que le repos et la sûreté. Le prince des Asturies n'y résista pas extraordinairement ; mais il ne fut employé contre lui ni violences, ni menaces ; et si la peur le décida, ce que je crois bien, cela ne doit regarder que lui. » (*Las Cases*, t. IV, p. 242.)

— « Ferdinand VII était à Valençay, dans le château du prince de Talleyrand, un des plus beaux sites de la France, au milieu d'une vaste forêt ; il y était avec son frère et son oncle ; il n'avait aucune garde ; il avait tous ses officiers et domestiques, il recevait qui il voulait ; il se promenait librement à plusieurs lieues, soit pour chasser, soit en calèche. Indépendamment des 72,000 fr. par an que le trésor de France a payés pour le loyer de Valençay, Ferdinand recevait annuellement pour son entretien 1,500,000 fr. Il écrivait régulièrement tous les mois à Napoléon, et en recevait des réponses. Au 15 août, et à la fête de l'impératrice, il n'a jamais manqué de faire illuminer le château et le parc de Valençay, et de distribuer des aumônes. Il demanda plusieurs fois à Napoléon d'aller à Paris, ce qui fut successivement ajourné ; il le sollicita de l'adopter pour son fils, et de le marier à une princesse française. Il avait la jouissance d'une très-belle bibliothèque, recevait souvent des visites des gentilshommes du voisinage et des marchands de Paris, qui s'empressaient de lui porter des nouveautés. Long-temps il eut un théâtre où il faisait venir des comédiens; mais, à la fin, ses confesseurs lui inspirèrent des scrupules, et il congédia la troupe.

« De tout temps, Ferdinand a témoigné la plus grande aversion pour les Cortès. Les Espagnols pleureront long-temps la constitution de Bayonne. Si elle eût triomphé, ils n'auraient plus de juridiction ecclésiastique en matière séculière, plus de bannalité, plus de barrières intérieures. Leurs domaines nationaux ne resteraient point incultes pour l'État et la Nation. Ils auraient un clergé séculier, une noblesse sans priviléges féodaux, ni exemptions de contributions et de charges publiques; ils seraient aujourd'hui un autre peuple.

« Ferdinand avait dit souvent qu'il préférait rester à Valençay, plutôt que de régner en Espagne avec les Cortès; cependant, lorsqu'en 1813, Napoléon lui fit proposer de remonter sur son trône, il n'hésita pas. Le comte de Laforest lui fut envoyé pour cette négociation; le traité fut bientôt rédigé : aucune condition n'était imposée à Ferdinand; car on n'appellera pas condition l'engagement qu'il prit de maintenir les ventes des domaines nationaux faites pendant son absence, et de ne rechercher aucune des personnes qui avaient exercé des emplois. Ferdinand, alors, manifesta hautement la résolution de prendre en Espagne les choses comme il les trouverait, et de régner en roi constitutionnel. » (*Montholon*, t. II, p. 236, 237 et 238.)

— « Vers la fin de 1813, le mariage de Ferdinand fut arrêté avec la fille aînée de Joseph ; mais alors les circonstances n'étaient plus les mêmes, et Ferdinand demanda d'ajourner le mariage. »

« Il est hors de doute que, si les affaires de 1814 eussent tourné différemment, Ferdinand n'eût accompli son mariage avec la fille de Joseph. Il partit dans des intentions de bonne foi, à ce qu'il semble, car il est demeuré fidèle aux principes de son départ, jusqu'aux événemens de Fontainebleau. » (*Las Cases*, t. IV, p. 233.)

— « Le prince des Asturies n'a aucune des qualités nécessaires au chef d'une nation. » (*Las Cases*, t. IV, p. 247.)

— « Ferdinand, dans sa fureur, a beau vouloir serrer avec rage son sceptre, un de ces beaux matins il lui glissera de la main comme une anguille. » (*Las Cases*, t. II, p. 279.)

FORFAIT (Pierre-Alexandre-Laurent), né à Rouen, en 1752. Il fut envoyé à Brest en 1773, et y exerça les fonctions d'ingénieur jusqu'en 1782. Le département de la Seine-Inférieure le nomma membre de l'assemblée législative en 1791. Forfait eut le portefeuille de la marine sous le Consulat ; il donna sa démission peu après la signature des préliminaires de paix en 1801, et devint successivement conseiller d'État, inspecteur général de la flotille destinée contre l'Angleterre, préfet maritime au Hâvre, puis à Gênes. Il mourut le 8 novembre 1807.

— « Forfait remplaça Bourdon au ministère de la marine. Forfait, né en Normandie, avait la réputation d'être le meilleur ingénieur constructeur de vaisseaux ; mais c'était un homme à système, et il n'a pas justifié ce que l'on attendait de lui. Le ministère de la marine était très-important par la nécessité où se trouvait la république, de secourir l'armée d'Égypte, la garnison de Malte et les colonies. » (*Gourgaud*, t. I, p. 3.)

FOSCARELLI, l'un des nobles Vénitiens inscrits sur le livre d'or.

« Le provéditeur Foscarelli, d'un caractère peu souple, ne put dissimuler les sentimens de son cœur. C'était un des hommes du sénat les plus opposés aux Français. Il ne put porter aucune plainte contre l'entrée des Français à Pescaire, parce qu'ils y succédaient à Beaulieu ; mais quand on lui demanda les clefs de l'arsenal pour armer les remparts, quand on se mit en devoir d'armer les galères, quand, pour tracer une demi-lune en avant de Vérone, sur la chaussée de Vienne, il fallut démolir quelques bureaux d'octroi, Foscarelli se plaignit que le général français violait la neutralité de la république. Ces diverses discussions, envoyées au sénat, lui firent comprendre que Foscarelli n'avait plus précisément les qualités propres aux circonstances. Il fut remplacé par Bataglia. » *Voyez* BATAGLIA. (*Las Cases*, t. IV, p. 24 et 25.)

FOUCHÉ (Joseph), duc d'Otrante, naquit à Nantes, le 29 mai 1763, d'un capitaine de navire marchand. Il était préfet du collége de Nantes, lorsque la révolution éclata. Il fut nommé, par son département, député à la Convention. Après avoir rempli plusieurs missions, Fouché fut associé, par le comité de salut public, à Collot-d'Herbois, chargé d'aller mettre à exécution l'horrible décret de destruction prononcé contre la ville de Lyon. En 1798, il fut nommé ambassadeur près de la nouvelle république cisalpine, d'où il passa à l'ambassade de Hollande. Quelque temps après il eut le portefeuille de la police qui lui fut retiré en 1802. Il le reprit en 1804, et le garda jusqu'en 1810, époque à laquelle il fut exilé dans la sénatorerie d'Aix. Ce ministère lui fut confié de nouveau par Napoléon, durant les *cent jours*, et par le Roi, à son second retour. Fouché est mort dans l'exil, à Trieste, en 1820.

— « Fouché était le T.... des clubs, et T....., le Fouché des salons. L'intrigue était aussi nécessaire à Fouché, que la nourriture : il intriguait en tout temps, en tous lieux, de toutes manières, et avec tous. On ne découvrait jamais rien qu'on ne fût sûr de l'y rencontrer pour quelque chose ; il n'était occupé que de courir après : sa manie était de vouloir être de tout!.... *Toujours dans les souliers de tout le monde.* » (*Las Cases*, t. 3, p. 52.)

— « Fouché est un mécréant de toutes les couleurs, un terroriste, un homme qui a plu-

sieurs fois pris une part active aux scènes san-
glantes de la révolution. C'est un homme qui
vous arrachera tous nos secrets avec un air de
calme et de désintéressement. Il est très-riche,
mais ses richesses sont mal acquises. Il existait
à Paris un impôt sur les maisons de jeu ; mais
comme c'était une manière infame d'obtenir de
l'argent, je ne voulais pas en profiter, et j'ordonnai en conséquence, que le montant de l'impôt
serait affecté à un hôpital pour les pauvres. Il
montait à quelques millions ; mais Fouché, qui
était chargé de le percevoir, en mit une bonne
partie en poche, et il m'a toujours été impossible de découvrir le véritable montant annuel
de cet impôt. » (*O' Méara*, t. I, p. 156.)

— Ce fut Fouché qui, le premier, toucha la
corde fatale du divorce ; il fut, sans mission,
conseiller à Joséphine de dissoudre son mariage
pour le bien de la France. Cette démarche irrita
fort l'empereur ; et s'il ne chassa pas alors Fouché, à la vive sollicitation de Joséphine, c'est
qu'au fait, il avait déjà secrètement arrêté ce divorce en lui-même, et qu'il ne voulut pas donner, par ce châtiment, un contre-coup à l'opinion. (*Las Cases*, t. III, p. 359.)

— On connaît de lui le mot qu'il a dit, ou qu'on
lui a prêté, sur l'affaire du duc d'Enghien

« C'est plus qu'un crime, c'est une faute. » De pareils traits peignent mieux le caractère d'un homme, que des volumes entiers.

— On a beaucoup blâmé Napoléon de s'être servi de Fouché, en 1815, où, en effet, il l'a indignement trahi. (*Las Cases*, t. III, p. 53.)

FOX (Charles - Jacques), naquit le 23 février 1748; fut successivement payeur de la caisse des veuves et des orphelins, et l'un des lords de l'amirauté, puis de la trésorerie. Son père le fit élire, en 1768, membre de la chambre des communes, pour représenter le bourg de Midhurst, en Sussex. En 1782, Fox fut nommé secrétaire d'État des affaires étrangères. Rappelé à ce ministère après la mort de Pitt, il mourut lui-même le 13 septembre 1806.

« Fox était sincère, avait de la droiture, et voyait juste, s'il ne fût pas mort, la paix se serait effectuée, et l'Angleterre serait actuellement heureuse et satisfaite. Fox connaissait les vrais intérêts de son pays. Il fut reçu, comme un triomphateur, dans toutes les villes de France où il passa. On lui offrit spontanément des fêtes, et on lui rendit les plus grands honneurs dans tous les lieux où il fut reconnu. Il doit avoir été

véritablement flatté d'une telle réception, d'autant plus honorable pour lui, qu'elle lui était
faite dans un pays qui avait été long-temps l'ennemi du sien, et qu'il ne la devait qu'à la haute
estime que le peuple français portait à son noble
caractère. Il est probable que, si Pitt fût venu à
la place de Fox, on l'eût assassiné. J'aimais Fox,
et me plaisais à converser avec lui. Il arriva une
circonstance qui, quoique fortuite, lui doit avoir
causé une sensation agréable. Comme je conser-
vais toute sorte d'égards pour lui, je donnai
l'ordre qu'on le laissât librement entrer partout. Il se rendit un jour à Saint - Cloud avec sa
famille. Il y avait alors un cabinet particulier
fermé depuis quelque tems, et où les étrangers
n'étaient pas admis. Par inadvertance, Fox et sa
femme en ouvrirent la porte, et entrèrent. Là,
ils virent les statues de plusieurs grands hommes,
tels que Sidney, Hampden, Washington, Cicé-
ron, etc., lord Chatam, et enfin la sienne propre que sa femme fut la première à reconnaître.
Elle s'écria aussitôt : Mon cher, voilà votre statue. Ce petit incident, quoique léger et pure-
ment accidentel, lui fit beaucoup de plaisir, et le
bruit s'en répandit aussitôt dans Paris. » (*O'
Méara*, t. II, p. 96 et 97.)

— « Quant à M. Fox (*voyez* Pitt), ce n'est pas

chez les anciens qu'il faut lui chercher un modèle, c'est à lui d'en servir'; et son école, tôt ou tard, doit régir le monde. »

— « L'instant de la mort de M. Fox est une des fatalités de ma carrière ; s'il eût continué de vivre, les affaires eussent pris une toute autre tournure, la cause des peuples l'eût emporté, et nous eussions fixé un nouvel ordre de choses en Europe. » (*Las Cases*, t. VII, p. 122 et 123.)

— « Chez Fox, le cœur échauffait le génie, au lieu que chez Pitt, le génie desséchait le cœur. » (*Las Cases*, t. VI, p. 121.)

FOY (Maximilien-Stanislas), né à Villeneuve, près Sens, le 2 février 1775, entra dans la carrière militaire dès les premières années de la révolution. Il était ajudant-commandant en 1801. Devenu général de brigade quelque temps après, il fut promu au grade de général de division, le 29 décembre 1810. Inspecteur général d'infanterie de la 14e division, en 1814. Dans les cent jours, il commanda une division du 2e corps de l'armée du Nord. Il est aujourd'hui membre de la Chambre des députés.

« Les généraux qui semblaient devoir s'élever, les destinées de l'avenir, étaient Gérard.

Clausel, Foy, Lamarque, etc.; c'étaient mes nouveaux maréchaux.» (*Las Cases*, t. II, p. 20.)

FRANÇOIS Iᵉʳ (JOSEPH-CHARLES), empereur d'Autriche, fils de Léopold II et de Marie-Louise, fille de Charles III, roi d'Espagne, est né le 12 février 1768. Il succéda à son père, le 1ᵉʳ mars 1792, dans les États héréditaires; fut couronné roi de Hongrie, le 6 juin, et roi de Bohême, le 5 août suivant. Il avait été élu roi des Romains, le 7 juillet. François Iᵉʳ s'est marié quatre fois: il a épousé successivement Élisabeth-Wilhelmine-Louise de Wurtemberg; Marie–Thérèse de Sicile; Marie-Louise-Antoine-Béatrix, fille de l'archiduc Ferdinand; et Charlotte-Auguste, fille du roi de Bavière, née le 8 février 1792, actuellement impératrice d'Autriche.

— « L'empereur François est un homme bon et religieux, mais une g......, un homme qui, avec du bon sens, ne faisait jamais rien par lui-même, et que Metternich, ou quelque autre, conduisaient à leur génie; son gouvernement serait mauvais aussi long-temps qu'il aurait de mauvais ministres, parce qu'il se fiait entièrement à eux, et ne s'occupait que de botanique et de jardinage. » (*O' Méara*, t. II, p. 7.)

FRÉDÉRIC VI, roi de Danemarck, fils de Christian VII et de Caroline-Mathilde d'Angleterre, né le 28 janvier 1768. Élève du ministre Struensée. Son père fut contraint de lui remettre de bonne heure les rênes de l'État ; et à 16 ans, Frédéric gouvernait déjà ; mais il ne monta réellement sur le trône qu'en 1808, époque de la mort de Christian.

— « Le roi de Danemarck, si fidèle à tous ses engagemens. » (*Las Cases*, t. VI, p. 3⁷.)

FRÉDÉRIC Auguste (duc de Varsovie), né le 23 décembre 1750 ; marié le 29 janvier 1769, à Marie-Amélie-Auguste, sœur du roi de Bavière, née en 1752. Frédéric-Auguste fut proclamé roi de Saxe, dans l'année 1806.

« Le plus honnête homme qui ait jamais tenu un sceptre. »

— « Le bon roi de Saxe me demeura fidèle jusqu'à extinction. » (*Las Cases*, t. VI, p. 3⁷.)

G.

GALL (JEAN-JOSEPH) , né en 1758, à Tiesenbrun, dans le pays de Wurtemberg, a étudié et exercé la médecine à Vienne. Après avoir parcouru les principales villes de l'Europe, il est venu se fixer à Paris, où il pratiquait la médecine.

— « J'ai beaucoup contribué à le perdre, disait l'empereur. Corvisart était son grand sectateur : lui et ses semblables ont un grand penchant pour le matérialisme : il accroîtrait leur science et leur domaine ; mais la nature n'est point si pauvre ; si elle était si grossière que de s'annoncer par des formes extérieures, nous irions plus vite en besogne, et nous serions plus savans. Ses secrets sont plus fins et plus délicats, plus fugitifs ; jusqu'ici ils échappent à tout. Un petit bossu se trouve un grand génie ; un grand bel homme n'est qu'un sot. Une large tête à grosse cervelle, n'a parfois pas une idée, tandis qu'un petit cerveau se trouvera d'une vaste intelligence. Et voyez l'imbécillité de Gall : il attribue à certaines bosses, des penchans et des crimes qui ne sont pas dans la nature, qui ne viennent que de la société et de la convention des hommes : que devient la bosse du vol s'il n'y avait pas de propriété ? la bosse de l'ivrognerie, s'il n'existait point de liqueurs fermentées ? celle de l'ambition, s'il n'existait pas de société ? » (*Las Cases*, t. V, p. 85 et 86.)

GALLO (le marquis MARZIO MASTRILLI DE), signa, le 17 octobre 1797, en qualité de ministre plénipotentiaire de la cour de Naples, le traité de Campo-Formio. Il fut nommé vice-roi de la Sicile, et à la fin de 1802, envoyé comme ambassadeur, d'abord auprès de la république italienne, et ensuite auprès du Gouvernement français. Le marquis de Gallo eut le portefeuille des affaires étrangères de Naples sous le gouvernement de Joseph et de Murat. Il suivit ce dernier dans sa fuite. Lorsque le roi Ferdinand eut été remis en possession de ses États, le marquis de Gallo reparut à la cour, et fut nommé à l'ambassade de Russie.

— « M. de Gallo était l'ambassadeur de Naples à Vienne ; il y avait conduit la princesse de Naples, seconde femme de l'empereur François, dont il possédait toute la confiance, et qu'il gouvernait absolument ; elle, à son tour, gouvernait son mari, de sorte que M. de Gallo jouissait d'un fort grand crédit à la cour de Vienne. Aussi, quand l'armée d'Italie, marchant sur Vienne, imposa l'armistice de Léoben, l'impératrice, dans une crise aussi terrible, jeta les yeux sur son confident pour le charger de détourner le péril. » (*Las Cases*, t. VI, p. 348.)

— « M. de Gallo devint plus tard, par la suite des événemens, ambassadeur de Naples auprès du premier Consul, et même celui de Joseph auprès de l'empereur Napoléon. » (*Las Cases*, t. VI, p. 349.)

GANTEAUME (le comte HONORÉ), né à la Ciotat en 1759, se destina de bonne heure au service de la marine, et débuta dans la guerre d'Amérique. Il était officier auxiliaire en 1778, et devint sous-lieutenant de vaisseau en 1786. Élevé au grade de capitaine de vaisseau, après sa sortie des prisons d'Angleterre, où il avait été conduit au commencement de 1793 ; il fut chef de division en 1795. Contre-amiral sous le Directoire, il fut nommé préfet maritime à Toulon ; quelque temps après, vice-amiral, et en 1808, inspecteur-général des côtes de l'Océan. Le Roi le nomma pair de France, le 17 août 1815. Il est mort à Aubagne (Var) le 28 novembre 1818.

— « Ganteaume n'était qu'un matelot, nul et sans moyens. » (*Las Cases*, t. III, p. 297.)

GAUDIN (MARTIN-MICHEL-CHARLES, duc de Gaëte), naquit en 1756, à Saint-Denis, près Paris. Son père était avocat au Parlement. A dix-sept ans, il fut admis dans les bureaux des contributions publiques, par M. d'Ormesson, intendant des finances. En 1791, il fut l'un des six commissaires de la trésorerie nationale. Son éloignement pour les excès de la révolution, le porta à donner plusieurs fois sa démission ; mais elle ne fut acceptée qu'en 1794. Nommé commissaire-général des postes, il fut appelé, après le 18 brumaire, pour la troisième fois, au ministère des finances, qu'il avait déjà refusé deux fois. En juillet 1805, il se rendit dans l'État de Gênes, pour organiser l'administration de ce pays qui venait d'être réuni à la France ; et en 1811, il alla remplir une mission semblable dans la Hollande et les villes anséatiques. Rappelé au ministère des finances après le 20 mars, il fut nommé pair, le 3 juin suivant. Depuis la seconde restauration, il a presque toujours fait partie de la Chambre des Députés.

— « Gaudin, d'un travail si simple et si sûr. » (*Las Cases*, t. VII, p. 279.)

GEORGES CADOUDAL, naquit à Brech, village près d'Aurax, dans la Basse-Bretagne, en 1769. Au mois de mars 1793, lors de la première insurrection du Morbihan, il se réunit comme simple cavalier aux rassemblemens royalistes ; servit dans l'armée de la Vendée, et fut fait prisonnier. Après avoir figuré dans toutes les campagnes du parti royaliste, il passa en Angleterre, où le comte d'Artois le décora du cordon rouge, et lui conféra le grade de lieutenant-général. Rentré en France en 1803, il fut arrêté par la police l'année suivante, traduit au tribunal criminel avec un grand nombre de co-accusés, et condamné à mort le 11 mai 1804, comme coupable d'avoir voulu attenter à la vie du premier Consul. Il fut exécuté le 25 juin 1804.

— « Georges était *una bestia ignorante*. Il avait du courage, et c'était tout. Après la paix avec les Chouans, je cherchai à le gagner, parce qu'alors il m'aurait été utile, et que je désirais ardemment calmer tous les partis. Je l'envoyai chercher, et lui parlai pendant long-temps. Son père était meunier, et lui-même n'était qu'un ignorant. Cette conversation ne fut suivie d'aucun résultat, et quelques jours après, il partit pour Londres. » (*O' Méara*, t. I, p. 290.)

GÉRARD (le comte Maurice-Étienne), né en Lorraine,
le 4 avril 1773, fit les premières campagnes de la révolution, en qualité d'aide-de-camp du général Bernadotte ;
et après être parvenu au grade de colonel, fut nommé général de brigade en novembre 1806, et quelques années
après, général de division. A l'époque du 20 mars, il remplissait à Strasbourg les fonctions d'inspecteur-général.
Au retour de Napoléon, il fut appelé au commandement
de l'armée de la Moselle. Depuis la seconde restauration,
il a siégé pendant trois législatures à la Chambre des
Députés.

— « Les généraux qui semblaient devoir s'élever, les destinées de l'avenir, étaient Gérard,
Clausel, Foy, Lamarque, etc. ; c'étaient mes
nouveaux maréchaux. » (*Las Cases*, tome II,
page 21.)

— « Si j'avais bon nombre de gens comme
vous, disait Napoléon, au général Gérard, après
la désastreuse campagne de Leipsick, je croirais
nos pertes réparées, et me considérerais comme
au-dessus de mes affaires. » (*Las Cases*, t. VII,
p. 292.)

GOHIER (Louis-Joseph) est né à Semblançay, en 1746. Avocat à Rennes avant la révolution, il fut député du département d'Ille-et-Vilaine à l'Assemblée législative. Sorti du Corps-Législatif, il fut nommé par la Convention ministre de la justice, le 20 mars 1793. En 1799, il devint président du tribunal criminel du département de la Seine. Enfin, il fut élu membre du Directoire, le 15 juin 1799. Après le 18 brumaire, il occupa la place de commissaire-général des relations commerciales à Amsterdam. Il a publié *la Mort de César*, tragédie de Voltaire, avec des changemens.

— « Gohier était un avocat de réputation, d'un patriotisme exalté ; jurisconsulte distingué, homme intègre et franc. » (*Gourgaud*, t. I, p. 58.)

GOURGAUD (Gaspard, baron), est né à Versailles, le 14 septembre 1783. Admis à l'école polytechnique, il en sortit pour entrer comme sous-lieutenant d'artillerie à l'école de Châlons; de là, il passa à celle de Metz, avec le grade de lieutenant, ajoint au professeur de fortifications. Il fut élevé au grade de capitaine dans l'artillerie à cheval, en 1807, et quelque temps après nommé officier d'ordonnance de l'empereur. Il obtint le grade de colonel d'artillerie, à la suite de la bataille de Reims, qui eut lieu le 15 mars 1814. En 1815, Napoléon l'éleva au grade de général, et se l'attacha à sa personne en qualité d'aide-de-camp. Le baron Gourgaud suivit l'ex-empereur à Sainte-Hélène, où il est resté jusqu'en 1818.

— « Gourgaud était mon premier officier d'ordonnance : il est mon ouvrage, c'est mon enfant. » (*Las Cases*, t. IV, p. 255.)

GRASSINI (Madame).

— Lors du couronnement de l'empereur à Milan, la célèbre chanteuse Grassini attira son attention ; les circonstances étaient moins austères qu'à l'époque de la conquête d'Italie : Napoléon la fit demander, et après le premier moment d'une prompte connaissance, elle se mit à lui rappeler qu'elle avait débuté précisément lors des premiers exploits du général de l'armée d'Italie. « J'étais alors, disait-elle, dans tout l'éclat de ma beauté et de mon talent ; il n'était question que de moi dans les vierges du soleil. Je séduisais tous les yeux, j'enflammais tous les cœurs, le jeune général seul était resté froid, et pourtant lui seul m'occupait ! Quelle bizarrerie ! quelle singularité ! quand je pouvais valoir quelque chose, que toute l'Italie était à mes pieds, que je la dédaignais héroïquement pour un seul de vos regards, je n'ai pu l'obtenir, et voilà que vous les laissez tomber sur moi maintenant que je n'en vaux pas la peine, que je ne suis plus digne de vous. » (*Las Cases*, t. V, p. 34 et 35.)

GRÉGOIRE (Henri), né à Veho, près de Lunéville, le 4 décembre 1750 ; était curé d'Embermesnil quand il fut député du clergé du bailliage de Nancy, aux États-Généraux de 1789. Le 18 janvier 1791, il fut nommé président de l'assemblée affiliée à la société des Amis des Noirs. Appelés à la Convention nationale, par le département de Loir-et-Cher. En mission dans la Savoie, il était absent pendant le procès de Louis XVI. Après le 18 brumaire, il entra au nouveau Corps-Législatif, et fut élu, en 1801, membre du Sénat conservateur, puis comte de l'Empire, et évêque de Blois. Il n'a pas été compris en 1816, dans la nouvelle formation de l'Institut, dont il était membre. Nommé depuis à la Chambre des députés, par le département de l'Isère, le côté droit s'est refusé à son admission.

— « Rien n'était plus commun, observait Napoléon, que de rencontrer des hommes de l'époque de notre révolution, fort au rebours de la réputation que sembleraient justifier leurs paroles et leurs actes d'alors. »

— « Grégoire, si acharné contre le clergé, qu'il voulait ramener à sa simplicité première, eût pu être pris pour un héros d'irréligion ; et Grégoire, quand les révolutionnaires reniaient Dieu et abolissaient la prêtrise, faillit se faire massacrer en montant à la tribune pour y proclamer hautement ses sentimens religieux , et protester qu'il mourrait prêtre. Quand on détruisait les autels dans toutes les églises , Grégoire en élevait un dans sa chambre, et y disait la messe chaque jour. Du reste , le lot de Grégoire est tout trouvé. S'ils le chassent de France, il doit aller se réfugier à Saint-Domingue. L'ami , l'avocat, le panégyriste des nègres, sera un saint, un dieu parmi eux. » (*Las Cases*, t. IV, p. 204 et 205.)

— « Il est des destinées toutes marquées : Grégoire, par exemple, n'a qu'à aller à Haïli , on l'y fera pape. » (*Las Cases* , t. III, p. 395.)

GROUCHY (Emmanuel), né à Paris, le 28 octobre 1766, d'une famille noble, passa, de l'artillerie où il fit ses premières armes, dans les gardes-du-corps, où il était sous-lieutenant, lorsque la révolution éclata. En 1792, il fut nommé colonel du régiment de Condé-Dragons, et maréchal-de-camp en 1793. Le 13 juin 1795, le Gouvernement le confirma dans le grade de général de division que lui avaient conféré les représentans du peuple à l'armée. Il fut successivement inspecteur-général des troupes à cheval, comte de l'Empire, colonel-général des chasseurs, grand officier de l'Empire, et, en 1811, élu candidat au Sénat par les colléges électoraux de Vaucluse et du Calvados. En 1814, après le retour de Louis XVIII, le grade de colonel-général des chasseurs et lanciers ayant été conféré au duc de Berry, le Roi créa, pour le général Grouchy, une place de premier inspecteur-général. En 1815, le général Grouchy marcha à la tête d'un corps d'armée contre les volontaires royaux du Midi, et fit prisonnier S. A. R. le duc d'Angoulême. Lors de la campagne de Waterloo, il commandait la droite de l'armée française envoyée à la poursuite des Prussiens. Compris dans l'ordonnance du 24 juillet, il s'est réfugié à Philadelphie.

— « A Waterloo Grouchy s'est perdu. » (*Las Cases*, t. II, p. 15.)

— « J'aurais gagné cette affaire, sans l'imbécillité de Grouchy. » (*O' Méara*, t. I, p. 369.)

GUSTAVE-ADOLPHE, né le 1er novembre 1778. Fils de la sœur du roi de Danemarck Christian VII, et de Gustave III. Proclamé roi, le 29 mars 1792. Il resta néanmoins sous la tutelle du duc de Sudermanie jusqu'à 18 ans : il prit alors le nom de GUSTAVE IV ADOLPHE. Il devait épouser une princesse de Mecklembourg, à laquelle il avait été fiancé ; mais il rompit ces liens. Quelque temps après, il devait encore épouser la grande duchesse Alexandre, petite-fille de Catherine ; mais au moment de la célébration, il refusa de paraître et de signer. Il épousa enfin Sophie-Dorothée de Bade. La révolution qui éclata en Suède, dans le mois de juin 1809, priva Gustave du Gouvernement, et le plaça entre les mains de l'ancien régent, duc de Sudermanie. Gustave fut transféré au château de Gripsholm, d'où il passa sur le continent ; puis en Angleterre. A Hambourg, il voulut entrer dans la congrégation des frères Moraves ; mais ces sectaires s'y opposèrent. Il voulut faire, sous le nom de comte de *Gottorp*, le voyage de la Terre-Sainte en pélérinage ; mais il ne trouva point de compagnons. Il prit ensuite le titre de duc de Holstein ; et plus tard celui de colonel, avec le nom de *Gustafson*. En 1817, il devint citoyen de Bâle.

— « Ce prince s'était annoncé au début comme un héros, et n'avait fini que comme un fou ; il avait marqué de bonne heure par des traits fort remarquables. Encore enfant, on l'avait vu insulter Catherine par le refus de sa petite-fille, au moment même où cette grande impératrice, sur son trône, et au milieu de sa cour, n'attendait plus que lui pour la cérémonie du mariage.

« Plus tard , il n'avait pas moins insulté Alexandre , en refusant , après la catastrophe de Paul , l'entrée de ses États à un des officiers du nouvel empereur, et répondant aux plaintes officielles qui lui étaient adressées à ce sujet qu'Alexandre ne devait pas trouver mauvais que lui, Gustave , qui pleurait encore l'assassinat de son père , fermât l'entrée de ses États à l'un de ceux que la voix publique accusait d'avoir immolé le sien (de lui Alexandre).

« A mon apparition à la souveraineté, disait l'empereur, il se déclara mon grand antagoniste ; on eût dit qu'il ne voulait rien moins que recommencer le grand Gustave Adolphe. Il courut toute l'Allemagne pour l'ameuter contre moi. Lors de la catastrophe du duc d'Enghien, il jura de le venger de sa personne , et plus tard renvoya insolemment l'aigle noir au roi de Prusse , parce que celui-ci avait reçu ma Légion-d'Honneur. Enfin, son moment fatal arriva ; une conspiration peu commune l'arracha du trône , et le déporta hors de ses Etats. L'unanimité contre lui prouve ses torts sans doute. Je veux qu'il fût excusable, même fou ; toutefois est-il extraordinaire et sans exemple que, dans cette crise, il ne se soit pas tiré une seule épée pour sa défense, soit par affection, par reconnaissance, par vertu, ou par niaiserie même si l'on veut; et vraiment c'est là une circonstance qui honore peu l'atmosphère des rois. »

Ce prince, balloté, trompé par les Anglais, qui voulaient en faire leur instrument, repoussé par ses proches, parut vouloir renoncer au monde; et comme s'il eût senti son existence flétrie par son mépris des hommes et son dégoût des choses, il fut volontairement se perdre dans la foule.

« L'empereur disait qu'après la bataille de Leipsik, Gustave lui avait fait parvenir qu'il lui en avait voulu long-temps sans doute, mais que depuis long-temps il (Napoléon) était celui des souverains dont il avait le moins à se plaindre, et que depuis bien long-temps aussi, il n'avait plus pour lui qu'admiration et sympathie ; que les malheurs du moment lui permettaient de l'exprimer sans embarras ; qu'il s'offrait pour être son aide-de-camp, et lui demander un asile en France. » Je fus touché, observait l'empereur ; mais je considérai bientôt que si je l'accueillais, il était de ma dignité de faire des efforts en sa faveur. Or, je ne gouvernais plus le monde ; puis les esprits communs n'auraient pas manqué de voir dans mon intérêt pour lui une haine impuissante contre Bernadotte ; enfin, Gustave avait été déchu par le vœu du peuple, et c'était le vœu du peuple qui m'avait élevé ; il y eût eu inconséquence en moi, désharmonie de principes, à prendre sa cause. Bref, je craignais de compliquer encore les affaires, et fis taire la générosité. Je fis répondre que j'appréciais ce qu'il m'offrait, et que j'y étais sensible ; mais que la politique de la France ne me permettait pas de me livrer à mes sentimens particuliers, qu'elle m'imposait même la douleur de lui refuser, pour le moment, l'asile qu'il demandait. Que du reste se tromperait fort s'il me supposait d'autres sentimens qu'une bienveillance extrême, et des vœux sincères pour son bonheur. » (*Las Cases*, t. V, p. 198, 199, 200 et 201.)

H.

HOCHE (Lazare), né à Montreuil, près Versailles, le 24 février 1768. A 14 ans, il entra comme aide-surnuméraire dans les écuries royales. A 17 ans, il s'engagea dans les Gardes-Françaises. Sergent des gardes en 1784. Adjudant dans la garde nationale soldée, à l'époque de la révolution. Lieutenant dans le régiment de Rouergue en 1792. Aide-de-camp du général Leveneur. Adjudant-général après la défection de Dumouriez. Général de brigade en 1793. Général en chef de l'armée de la Moselle à la même époque. Arrêté et destitué. Général en chef de l'armée de l'Ouest en 1795. Commandant de l'expédition d'Irlande en 1796. Général en chef de l'armée de Sambre-et-Meuse en 1797. Hoche mourut le 15 septembre 1797 ; l'opinion générale est qu'il fut empoisonné.

— « Hoche fut un des premiers généraux que la France ait produits. Il était brave, intelligent, plein de talent, de résolution et de pénétration. Il était, en outre, ambitieux ; si Hoche eût débarqué en Irlande, selon son dire, il aurait sans doute réussi dans ses projets, parce qu'il possédait toutes les qualités nécessaires pour en assurer le succès. Il était accoutumé à la guerre civile, et savait comment s'y prendre pour la faire

avec avantage ; il avait pacifié la Vendée, et aurait dirigé les Irlandais avec intelligence, s'il eût
été à leur tête. Belle figure, et beaucoup de talens : il était entreprenant ; mais probablement,
par suite de quelque maladresse, ou d'un malentendu, on le mit à bord d'une frégate qui n'arriva pas jusqu'à la côte d'Irlande, tandis que le
reste de l'expédition, montant à environ dix-huit
mille hommes, entra dans la baie de Bantrix, où
ils restèrent pendant quelques jours parfaitement les maîtres d'opérer leur débarquement.
Mais Grouchy qui, à ce que je crois, avait le
commandement après Hoche, ne sut pas comment s'y prendre ; en sorte, qu'après être demeuré dans l'inaction, il fit lever l'ancre, et les
bâtimens revinrent en France sans avoir rien
tenté. » (*O' Méara*, t. I, p. 456.)

— Hoche était bien jeune encore, mais il avait
déjà rempli de grandes espérances. Napoléon ne
faisait pas difficulté de dire, qu'il avait sur
Hoche l'avantage d'une profonde instruction, et
les principes d'une éducation distinguée. Du
reste, il établissait cette grande différence entre
eux : « Hoche, disait-il, cherchait toujours à se
faire un parti, et n'obtenait que des créatures ;
moi, je m'étais créé une immensité de partisans,
sans rechercher nullement la popularité. De

plus, Hoche était d'une ambition hostile, pro-
voquante : il était homme à venir de Strasbourg,
avec 25,000 hommes, saisir le Gouvernement
par la force. »

« Hoche, plus tard, ou se serait rangé, ou se
serait fait écraser par moi, ajoutait Napoléon :
et, comme il aimait l'argent et les plaisirs, nul
doute qu'il ne se fût rangé.

« Hoche périt subitement, et avec des circonstances singulières, qui donnèrent lieu à
beaucoup de conjectures; et, comme il existait
un parti avec lequel tous les crimes me reve-
naient de droit, on essaya de répandre que je
l'avais fait empoisonner. Il fut un temps où rien
de mauvais ne pouvait arriver, que je n'en fusse
l'auteur; ainsi, de Paris, je faisais assassiner
Kléber en Égypte; à Marengo, je brûlais la cervelle à Desaix; j'étranglais, je coupais la gorge
dans les prisons; je prenais le Pape aux cheveux,
et cent absurdités pareilles. »

— « Hoche donnait le scandale par ses mœurs. »
(*Las Cases*, t. III, p. 275, 276, 277 et 278.)

J.

JOUBERT (Barthélemi-Catherine), né à Pont-de-Vaux (Ain), le 14 avril 1769. A 15 ans, il s'évada du collége, pour s'engager dans un régiment de canonniers. Revenu à ses études, il s'enrôla en 1791. Sous-lieutenant en 1792. Adjudant-général à l'armée d'Italie. Général de brigade sur le champ de bataille de Loano, en l'an 4. Général de division à Rivoli. Général en chef de l'armée de Hollande. Général en chef de l'armée de Mayence; et, en l'an 7, général en chef de l'armée d'Italie. Mort sur le champ de bataille de Novi, le 28 thermidor an 7.

« Joubert, né au département de l'Ain, dans l'ancienne Bresse, avait étudié pour le barreau. La révolution lui fit prendre le parti des armes; il servit à l'armée d'Italie, et y fut fait général de brigade. Il était grand, maigre, semblait naturellement d'une faible complexion; mais il l'avait mise à l'épreuve des grandes fatigues, dans les Alpes, et s'y était endurci. Il était intrépide, vigilant, fort actif, marchant à la tête des colonnes. Il fut fait général de division pour remplacer Vaubois, dont il prit le corps d'armée. Il

se fit beaucoup d'honneur dans la bataille de
Léoben, commandant l'aîle gauche, qu'il amena
au gros de l'armée des montagnes du Tyrol, par
les défilés du Putherstal. Il était fort attaché à Napoléon, qui le chargea de porter au Directoire
les derniers drapeaux enlevés par l'armée d'Italie. Resté à Paris pendant la campagne d'Égypte,
il épousa la fille du sénateur Sémonville, mariée
depuis au maréchal Macdonald. Ce mariage le
jeta dans les intrigues du manège, et le fit nommer général en chef de l'armée d'Italie, après la
défaite de Scherer. Il fut tué à la bataille de Novi.
Il était jeune encore, et n'avait pas acquis toute
l'expérience nécessaire. Il eût pu arriver à une
grande renommée. » (*Las Cases*, t. V, p. 393
et 394.)

JOURDAN (Jean-Baptiste), né à Limoges, le 29 avril 1762. Il s'enrôla en 1778, et fit la guerre d'Amérique. De retour en France, il fut nommé, en 1790, capitaine de la garde nationale de Limoges ; commandant de bataillon en 1791 ; général de brigade en 1793, et, dans la même année, général de division. Général en chef de l'armée de la Belgique, à Wattignées ; général en chef de l'armée de la Moselle, en 1794, et de celle de Sambre-et-Meuse. Député au Conseil des Cinq-Cents, en 1797 ; président ; secrétaire. Général en chef de l'armée du Danube, en 1799. Réélu au Conseil des Cinq-Cents ; exclu du Corps-Législatif, au 18 brumaire. Ministre extraordinaire et administrateur du Piémont, en 1800. Conseiller-d'État, en 1802 ; candidat au Sénat, en 1803. Commandant en chef de l'armée d'Italie. Maréchal d'Empire, en 1804. Gouverneur de Naples, en 1806. Major–général du roi Joseph, en Espagne. Pair dans les *cent jours*. Il présida le Conseil de guerre qui devait juger Ney, et qui se déclara incompétent. Pair de France, en 1818.

— « En voilà un, disait Napoléon, en parlant des maréchaux, que j'ai fort maltraité assurément. Rien de plus naturel, sans doute, que de penser qu'il eût dû m'en vouloir beaucoup. Eh bien ! j'ai appris, avec un vrai plaisir, qu'après ma chute, il est demeuré constamment bien : il a montré là cette élévation d'ame qui honore et classe les gens. Du reste, c'est un vrai patriote : c'est une réponse à bien des choses. » (*Las Cases* , t. VII , p. 11.)

●●○●○●○○●●○●○●○●●

JUNOT (Andoche), né à Bussy-lès-Forges (Côtes-d'Or), le 23 octobre 1771. Étudiant en droit ; volontaire dans un bataillon de grenadiers de la Côte-d'Or ; aide-de-camp du général Bonaparte , en 1796 ; et premier aide-de-camp , après le 18 brumaire. Commandant, puis gouverneur de Paris, en 1804 ; général de division ; colonel-général des hussards. Ambassadeur à Lisbonne. Général en chef de l'armée française en Portugal ; duc d'Abrantès. Disgracié en 1808. Commandant du 8e corps de l'armée de Russie, en 1812. Attaqué en 1813, d'une maladie dangereuse , il sauta par une fenêtre , dans un accès de fièvre, se cassa la cuisse, et mourut le 28 juillet de la même année.

— « Lors de la construction d'une des premières batteries que Napoléon , à son arrivée à Toulon, ordonna contre les Anglais, il demanda , sur le terrain, un sergent ou caporal qui sût écrire. Quelqu'un sortit des rangs, et écrivit sous sa dictée sur l'épaulement même. La lettre à peine finie, un boulet la couvre de terre. « Bien, dit l'écrivain, je n'aurai pas besoin de sable. »

Cette plaisanterie, le calme avec lequel elle fut dite, fixa l'attention de Napoléon, et fit la fortune du sergent. C'était *Junot*, depuis duc d'Abrantès, colonel-général des hussards, commandant en Portugal, gouverneur-général en Illyrie, etc. » (*Las Cases*, t. I, p. 198.)

— Des grandes fortunes que Napoléon avait créées, celle de Junot avait été, sans contredit, une des plus désordonnées. Ce qu'il lui avait donné d'argent ne saurait se croire, et il n'avait pourtant jamais eu que des dettes. Il avait dissipé de vrais trésors, sans se faire honneur, sans goût; trop souvent même, dans des excès grossiers. (*Las Cases*, t. IV, p. 416.)

— « Junot, dans la campagne de Russie, disait Napoléon, me mécontenta fort; on ne le reconnaissait plus; il fit des fautes capitales qui nous coûtèrent bien cher. »

— Au retour de Moscow, par suite de ce mécontentement, Junot perdit le Gouvernement de Paris : l'empereur l'envoya à Venise. Cette espèce de disgrace fut adoucie presque aussitôt par le gouvernement général de l'Illyrie ; mais le coup était porté. Les irrégularités qu'on avait déjà observées depuis quelque temps dans Junot, et qui avaient pris leur source dans ses excès,

éclatèrent en insanité complète. Il fallut se saisir
de sa personne, et le transporter chez lui dans
sa maison paternelle où il périt misérablement,
peu de temps après, mutilé de ses propres mains. »
(*Las Cases*, t. IV, p. 420 et 421.)

K.

KÉRALIO (Louis-Félix Guinement de), né à Rennes, en 1734. Entra d'abord dans la carrière des armes, et parvint au grade de lieutenant-colonel. Adjoint au célèbre abbé de Condillac, pour diriger l'éducation de l'Infant don Ferdinand de Parme. Professeur de tactique à l'École militaire, et inspecteur de la même école. De Kéralio est l'auteur d'un grand nombre d'ouvrages ; il est aussi le père de Louise-Félicité de Kéralio-Robert, qui a cultivé les lettres avec beaucoup de succès. De Kéralio est mort le 10 décembre 1793, à Montmorency.

— « Officier - général - inspecteur des douze écoles militaires : il était auteur d'une tactique, et avait été précepteur du duc des Deux-Ponts, depuis, roi de Bavière. Le chevalier de Kéralio était un vieillard aimable, des plus propres à cette fonction. Il aimait les enfans, jouait avec eux après les avoir examinés. Il avait pris une affection toute particulière pour Napoléon, qu'il se plaisait à exciter de toutes les manières : il le désigna pour se rendre à Paris, bien qu'il n'eût pas l'âge requis. » « J'aperçois ici, disait-il, une

« étincelle qu'on ne saurait trop cultiver. » Le
bon chevalier mourut presque aussitôt. » (*Las
Cases*, t. I, p. 160.)

●●○●○●●○●●●○●●○●

KIRCNER (le général).

— Le général Kircner était officier de génie
très-distingué, beau-frère du maréchal Lannes,
qui l'avait choisi sur son courage et sa capacité.
Il fut tué par le même boulet qui enleva Duroc
à la France et à l'empereur. (*Las Cases*, t. II,
p. 186.)

○●○●●○○●●○●●○●●

KLÉBER (Jean-Baptiste), né à Strasbourg, en 1745. Étudia l'architecture sous l'architecte Chalgrin. Entra ensuite à l'école militaire de Munich. Lieutenant dans le régiment de Kaunitz, où il resta depuis 1772, jusqu'en 1783. Inspecteur des bâtimens de la Haute-Alsace. Adjudant-major d'un bataillon de volontaires, au commencement de la révolution. Adjudant-général au siége de Mayence. Général de brigade. Général de division. Général en chef de l'armée française en Égypte, en remplacement du général Bonaparte. Vainqueur d'Héliopolis. Assassiné au Caire par le syrien Soliman, le 14 juin 1801.

— « Le général Kléber n'avait jamais commandé en chef; il avait servi à l'armée de Sambre-et-Meuse, comme général de division, sous les ordres de Jourdan. Tombé dans la disgrace du Directoire, il vivait obscurément à Chaillot, quand Napoléon, en novembre 1797, arriva de Rastadt, après avoir conquis l'Italie, dicté la paix sous Vienne, et pris possession de la place de Mayence. Kléber s'attacha à son sort, et le suivit en Égypte. Il s'y comporta avec autant de talent que de bravoure; il s'acquit l'estime du général en chef, qui, après Désaix, le tenait pour le meilleur officier de son armée; il s'y montra des plus subordonnés, ce qui étonna les officiers de son état-major, accoutumés à l'entendre fronder et critiquer les opérations à l'armée de Sambre-et-Méuse. Il témoigna une grande admiration de la belle manœuvre de la bataille du Mont-Thabor, où le général en chef lui sauva l'honneur et la vie. Quelques semaines après, il marchait à la tête de sa division, à l'assaut de Saint-Jean-d'Acre ; Napoléon lui envoya l'ordre de venir le joindre, ne voulant pas risquer une vie si précieuse, dans une occasion où son général de brigade le pouvait remplacer.

« Quand le général en chef prit le parti d'accourir en Europe, au secours de la république, il pensa d'abord à laisser le commandement à Désaix ; ensuite, à amener avec lui en France, Désaix et Kléber ; et enfin, il résolut d'emmener le premier, et d'investir le second du commandement. » (*Montholon*, t. I, p. 68 et 69.)

— « Kléber était le talent de la nature ; celui de Désaix était entièrement celui de l'éducation et du travail. Le génie de Kléber ne jaillissait que par momens, quand il était réveillé par l'importance de l'occasion, et il se rendormait aussitôt après, au sein de la mollesse et des plaisirs. Le talent de Désaix était de tous les instans. Il ne vivait, ne respirait que l'ambition noble, et la véritable gloire : c'était un caractère tout-à-fait à l'antique. Sa mort a été la plus grande perte que l'empereur ait pu faire. Une circonstance bien extraordinaire dans la destinée de ces deux lieutenans de Napoléon, c'est que le même jour, et à la même heure où Kléber périssait assassiné au Caire, Désaix tombait à Marengo, d'un coup de canon. » (*Las Cases*, p. 287 et 288.)

— « Après le départ du général en chef pour la France, Kléber, qui lui succéda, circonvenu et séduit par les faiseurs, traita l'évacuation de l'Egypte ; mais quand le refus des ennemis l'eut contraint de s'acquérir une nouvelle gloire, et de mieux connaître ses forces, il changea tout-à-fait de pensée, et devint lui-même partisan de l'occupation de l'Egypte. Il ne s'occupa donc plus que de s'y maintenir ; il éloigna de lui les meneurs qui avaient dirigé sa première intention, et ne s'entoura plus que de l'opinion contraire. L'Egypte n'eût jamais couru de dangers s'il eût vécu : sa mort seule en amena la perte. » (*Las Cases*, t. I, p. 283.)

— « Kléber était doué du plus grand talent ; mais il n'était que l'homme du moment ; il cherchait la gloire, comme la seule route aux jouissances ; d'ailleurs, nullement national, il eût pu, sans effort, servir l'étranger : il avait commencé dans sa jeunesse, sous les Prussiens, dont il demeurait fort engoué. » (*Las Cases*, t. II, p. 18.)

— « Kléber était un homme superbe ; mais de manières brutales ; la sagacité des Égyptiens leur avait fait deviner qu'il n'était pas Français : en effet, quoique Alsacien, il avait passé ses premières années dans l'armée prussienne, et pouvait passer pour un pur Allemand. » (*Las Cases*, t. I, p. 278.)

— « Kléber était d'habitude un endormi ; mais dans l'occasion, et toujours au besoin, il avait le réveil du lion. » (*Las Cases*, t. VII, p. 142.)

— « Kléber tomba victime du fanatisme musulman ; rien ne peut autoriser en quoi que ce soit, l'absurde calomnie qui essaya d'attribuer cette catastrophe à la politique de son prédécesseur, ou aux intrigues de celui qui lui succéda. » (*Las Cases*, t. I, p. 259.)

L.

LA BOUILLERIE (le baron Roulet de), d'abord employé dans les bureaux de la marine, puis caissier particulier du premier Consul. Trésorier-général de l'armée des Côtes d'Angleterre ; administrateur de la Caisse d'amortissement ; trésorier-général du domaine extraordinaire : maître des requêtes au Comité des finances ; intendant du Trésor de la liste civile à la première restauration : secrétaire-général du ministère de la Maison du Roi ; député en 1816, siégeant au côté droit ; conseiller-d'État, et sous-secrétaire-d'État des finances.

— L'empereur disait avoir été vivement sensible, à ce qu'en 1814, M. de la Bouillerie, se trouvant à Orléans avec des dixaines de millions, à lui Napoléon, sa propriété personnelle, les eût portés à M. le comte d'Artois, à Paris, au lieu de les conduire à Fontainebleau, comme cela était de son devoir et de sa conscience. « La Bouillerie, pourtant, n'était pas un méchant homme, disait Napoléon ; je l'avais aimé et estimé. Au retour de 1815, il sollicita vivement d'être admis près de moi, et de pouvoir se justifier ; il aurait prouvé, sans doute, que c'était la faute de son ignorance, et non de son cœur. » (*Las Cases*, t. IV, p. 135.)

LAFAYETTE (Marie-Paul-Joseph-Roch-Yves-Gilbert Mottiers de), né en Auvergne en 1757. Maître d'une fortune considérable, il fit équiper un vaisseau qu'il chargea d'armes, partit pour l'Amérique septentrionale, et alla combattre comme volontaire, à côté de Washington, dont il devint l'ami. A la tête d'un corps de volontaires, il contribua puissamment au succès de la révolution américaine. Son retour en France fut un triomphe. Député aux États-Généraux par la noblesse d'Auvergne. Président de l'Assemblée nationale. Commandant en chef de la garde nationale. Commandant-général des gardes nationales de France en 1790. Démissionnaire en 1791, il reprit ces fonctions quelques jours après, et se démit de nouveau après l'acceptation de la constitution de 1791. Commandant de l'armée du centre en 1792. Proscrit, livré au roi de Prusse et aux Autrichiens, qui le conduisirent à Olmutz. Délivré par suite des victoires des Français, il rentra en France après le 18 brumaire. Il refusa les faveurs de Napoléon, et s'attira par là sa haine. Député à la Chambre des *cent jours*. Le général Lafayette fut de nouveau réélu député par le département de la Sarthe. Il a cessé de l'être à la dissolution de la Chambre en 1823.

— « Lafayette était encore un autre *niais* * ; il n'était nullement taillé pour le haut rôle qu'il

---

* Le dimanche 15 septembre 1816, M. de Las Cases se trouvant seul avec Napoléon, et s'étant mis à lui faire certaines peintures à la suite desquelles il suggéra quelques idées, Napoléon les a repoussées en se moquant fort de lui :

avait voulu jouer. Sa bonhomie politique devait le rendre constamment dupe des hommes et des choses.

« Son insurrection des chambres, au retour de Waterloo, avait tout perdu. Qui avait donc pu lui persuader que je n'arrivais que pour les dissoudre, moi qui n'avais de salut que par elles? »

— « Je n'ai point attaqué les sentimens, ni les intentions de M. de Lafayette, je ne me suis plaint que de ses résultats funestes. » (*Las Cases,* t. IV, p. 2o3.)

— « Cet homme, qui a joué un si grand rôle dans nos premières dissentions politiques, est né en Auvergne. Lors de la guerre d'Amérique, il avait servi sous Washington, et s'y était distingué. C'était un homme sans talens, ni civils, ni militaires; esprit borné, caractère dissimulé, dominé par des idées vagues de liberté, mal digérées chez lui, et mal conçues : du reste, dans la

---

« Allons, allons, mon cher, lui a-t-il dit, vous êtes un *niais;* et ne vous fâchez pas de l'épithète, a-t-il repris aussitôt, je ne la prodigue pas à tout le monde ; elle est toujours, de ma part, un brevet d'honnête homme. » (*Las Cases* , t. **VI** , p. 2o7.)

vie privée, Lafayette était un honnête homme. »
(*Gourgaud*, t. I, p. 121.)

LAFITTE (JACQUES), né à Bayonne en 1767. Fort jeune
encore, il se mit dans le commerce ; en 1788, il entra dans
la maison de banque de M. Perregaux, dans laquelle
il eut ensuite un intérêt. Associé, successeur et exécuteur
testamentaire de ce banquier, Lafitte géra seul pendant dix
ans cette maison, qu'il plaça au premier rang sous tous les
rapports. Régent de la Banque de France en 1809, et
président de la Chambre des comptes. Gouverneur de
la Banque de France en 1814. Député en 1816. Réélu
en 1817. La place de gouverneur de la Banque, qu'il remplissait gratuitement, lui fut ôtée en 1819, parce qu'il
siégeait au côté gauche de la Chambre.

L'empereur ayant abdiqué pour la seconde
fois, au moment de quitter la Malmaison,
M. Lafitte accourut pour lui donner un ré-
cépissé des cinq millions qu'on venait de dé-
poser chez lui ; mais Napoléon n'en voulait
point, en lui disant : « Je vous connais, M. Lafitte, je sais que vous n'aimiez pas mon gouvernement ; mais je vous tiens pour un honnête
homme.

Du reste, M. Lafitte semble avoir été destiné

à se trouver le dépositaire des monarques malheureux. Louis XVIII, en partant pour Gand,
lui avait fait remettre pareillement une somme
considérable. (*Las Cases*, t. I, p. 212.)

LAFOND.

— « Au 13 vendémiaire, lorsque les quarante-
huit sections de Paris se déclarèrent contre la
Convention, « un nommé *Lafond* déboucha sur
le Pont-Neuf, venant de la section Lepelletier, à
la tête de trois ou quatre bataillons. »

— « La colonne Lafond, prise en tête et en
écharpe par l'artillerie placée sur le quai, à la
hauteur du guichet du Louvre, et à la tête du
Pont-Royal, fut mise en déroute. »

— « Un conseil de guerre condamna plusieurs
individus à mort par contumace, entre autres,
Vaublanc. Le nommé Lafond fut le seul exécuté.
Ce jeune homme avait montré beaucoup de courage dans l'action ; la tête de sa colonne, sur le
Pont-Royal, se reforma trois fois sous la mi-
traille, avant de se disperser tout-à-fait. C'était
un émigré ; il n'y eut pas moyen de le sauver,
quelque désir que l'on en eût : l'imprudence de

ses réponses déjoua constamment les bonnes intentions des juges. » (*Las Cases*, t. II, p. 215, 216, 220.)

LAHARPE (Amédée Emmanuel), né en 1754, au château des Uttins, dans le pays de Vaud. Entra d'abord au service de la Hollande. Rentré dans sa patrie à l'époque de la révolution française, il y fut condamné à mort, en raison de sa conduite politique. Il chercha alors un asile dans le camp des Français. Chef de bataillon en 1791. Honoré du surnom de *brave*, par le maréchal Luckner. Commandant de Bitche. Général de brigade sur le champ de bataille, à la prise de Toulon. Commandant l'avant-garde de l'armée d'Italie. Général de division en 1795. Commandant la droite de l'armée d'Italie en 1796. Laharpe fut tué par une décharge que les troupes françaises firent sur son escorte dans l'obscurité de la nuit.

« Ce général était Suisse, du canton de Vaud. Sa haine contre le gouvernement de Berne, lui ayant attiré des persécutions, il s'était réfugié en France; c'était un officier d'une bravoure distinguée. Grenadier par la taille et par le cœur, conduisant avec intelligence ses troupes, dont il était fort aimé, quoique d'un caractère inquiet. » (*Montholon*, t. 3, p. 209.)

« La République perd un homme qui lui était très-attaché ; l'armée un de ses meilleurs généraux, et tous les soldats, un camarade aussi intrépide que sévère pour la discipline. »

(*Dépêche du général Bonaparte au Directoire exécutif.*)

LAMARQUE (Maximilien), né à Saint-Séver, département des Landes, fils unique d'une famille riche. Il partit comme simple volontaire en 1792. Capitaine ; puis, commandant des grenadiers dans la phalange de Latour-d'Auvergne. Adjudant – général après la prise de Fontarabie. Général de brigade après la paix de Lunéville. Chef d'état-major du roi de Naples Joseph ; général de division. Commandant l'expédition contre la place Caprée, que gouvernait sir Hudson-Lowe. Commandant de Paris dans les *cent jours* ; puis, général en chef de l'armée de la Vendée. Compris dans l'ordonnance du 24 juillet, Lamarque fut obligé de fuir en Belgique. Rentré en France en 1818, il vit dans la retraite.

« Les généraux qui semblaient devoir s'élever, les destinées de l'avenir, étant Gérard, Clausel, Foy, Lamarque, etc., c'étaient mes nouveaux maréchaux. » (*Las Cases*, t. II, p. 20.)
« Lors des dernières insurrections de la Ven-

dée , le général Lamarque , que j'y avais envoyé au fort de la crise, disait Napoléon , y fit des merveilles, et surpassa mes espérances. » Et de quel poids n'eussent pas pu devenir ses actes dans la grande lutte ? Car, les chefs vendéens les plus distingués , ceux, sans doute , qui recueillent en ce moment les bienfaits de la cour, ont reconnu entre ses mains , Napoléon pour empereur, même après Waterloo , même après son abdication. Fût-ce, de la part de Lamarque, ignorance du véritable état des choses, ou seulement pure fantaisie du vainqueur ? Toutefois, le voilà dans l'exil : il est au nombre des trente-huit. « C'est qu'il est plus facile de proscrire, que de vaincre. » (*Las Cases*, t. VII , p. 145.)

LANNES (Jean), né à Lectoure (Gers), le 11 avril 1769. En 1792, il partit en qualité de sergent-major, pour l'armée des Pyrénées-Orientales. Son avancement fut rapide, puisqu'en 1795, il était déjà chef de brigade. Destitué sous le ministère d'Aubry, il servit comme volontaire dans l'armée d'Italie. Colonel du 25ᵉ régiment sur le champ de bataille. Général de brigade à l'assaut de Pavie. Général de division en Égypte ; il fut un des sept officiers généraux qui revinrent en France avec le général Bonaparte. Commandant des 9ᵉ et 10ᵉ divisions militaires. Commandant de la garde consulaire, et de l'avant-garde de l'armée d'Italie. Ministre plénipotentiaire à Lisbonne, en 1801. Maréchal d'Empire, en 1804 ; duc de Montebello. Commandant l'avant-garde de la grande armée, et l'aile gauche, à Austerlitz. Lannes, *l'Ajax français*, mourut le 31 mars 1809, des suites d'une blessure reçue sur le champ de bataille d'Essling.

« Le duc de Montebello était de Lectoure ; chef de bataillon, il se fit remarquer dans les campagnes de 1796 en Italie ; général, il se couvrit de gloire en Égypte, à Montebello, à Marengo, à Austerlitz, à Jena, à Pultusk, à Friedland, à Tudella, à Sarragosse, à Eckmuhl, à Essling, où il trouva une mort glorieuse. Il était sage, prudent, audacieux, devant l'ennemi, d'un sang-froid imperturbable. Il avait eu peu d'éducation, la nature avait fait tout pour lui ; Napoléon, qui avait vu les progrès de son entendement , en marquait souvent sa surprise. Il était supérieur à tous les généraux de l'armée française , sur le champ de bataille , pour manœuvrer 25,000 hommes d'infanterie. Il était encore jeune , et se fût perfectionné ; peut-être fût-il même devenu habile , pour la grande tactique qu'il n'entendait pas encore. » (*Montholon* , t. II, p. 85.)

« Lannes , lorsque je le pris pour la première fois par la main , n'était qu'un *ignorantaccio*. Son éducation avait été très-négligée ; néanmoins , il fit beaucoup de progrès , et pour en juger, il suffit de dire qu'il aurait fait un général de première classe. Il avait une grande expérience dans la guerre ; il s'était trouvé dans cinquante combats isolés , et à cent batailles plus ou moins importantes. C'était un homme d'une bravoure extraordinaire ; calme au milieu du feu. Il possédait un coup-d'œil sûr et pénétrant , prompt à profiter de toutes les occasions qui se présentaient. Violent et emporté dans ses expressions , quelquefois même en ma présence, il m'était très-attaché. Dans ses accès de colère , il ne voulait permettre à personne de lui faire des observations ; et même , il n'était pas toujours prudent de lui parler, lorsqu'il était dans cet état de violence. Alors , il avait l'habitude de venir à moi, et de me dire qu'on ne pouvait se fier à telle et telle personne. Comme général, il était infiniment au - dessus de Moreau et de Soult. » (*O' Méara*, t. I, p. 229.)

« Chez Lannes, le courage l'emportait d'abord sur l'esprit, mais chez lui, l'esprit montait chaque jour pour se mettre en équilibre. Il était devenu très-supérieur quand il a péri. « Je l'avais pris pigmée, je l'ai perdu géant. » (*Las Cases*, t. I, p. 19.)

— Le maréchal Lannes, ce valeureux duc de Montebello, si justement appelé le *Roland de l'armée*, visité par Napoléon sur son lit de mort, semblait oublier sa situation, pour ne s'occuper que de celui qu'il aimait par-dessus tout. Napoléon en faisait le plus grand cas. « Il n'avait été long-temps qu'un sabreur, disait-il ; mais il était devenu premier talent. »

« S'il eût vécu dans ces derniers temps, je ne pense pas qu'il eût été possible de le voir manquer à l'honneur et au devoir. »

« Il était de ces hommes à changer la face des affaires, par son propre poids et sa propre influence. » (*Las Cases*, t. II, p. 181 et 182.)

LANNES (Madame), duchesse de Montebello, épouse du maréchal d'Empire.

L'empereur la donna pour dame d'honneur à l'impératrice Marie-Louise. Ce fut, dans le temps, un de ces choix heureux qui emportèrent l'approbation générale. La duchesse de Montebello était jeune, belle, d'une conduite parfaite, et veuve d'un maréchal, dit le *Roland* de l'armée, qui venait d'expirer tout récemment sur le champ de bataille. Ce choix fut très-agréable à l'armée, et rassura le parti national, qui s'effrayait de ce mariage, du nombre et de la qualité de chambellan dont on l'entourait, comme d'un de ces pas vers ce que plusieurs appelaient la *contre-révolution*, et cherchaient à faire considérer comme telle. Lors des malheurs de 1814, la dame d'honneur ne répondit pas au dévouement que l'impératrice avait droit d'en attendre. Malgré l'extrême affection que Marie-Louise lui portait, madame de Montebello crut tous ses devoirs accomplis, lorsqu'elle l'eut déposée à Vienne.

— Madame de Montebello a pu être reine d'Espagne. Ferdinand VII, à Valençay, demanda pour épouse, la duchesse de Montebello, ou toute autre dame française que l'empereur voudrait adopter. (*Las Cases*, t. I, p. 386, 387 et 388.)

LANUSSE (François), né à Habas (Landes), en 1762. Négociant ; volontaire en 1792. Chef de brigade à l'armée des Alpes. Adjudant-général à l'armée d'Italie, et général de brigade. Mort à Alexandrie d'Égypte, à l'âge de 37 ans, des suites des blessures qu'il avait reçues à la bataille d'Aboukir.

« Lors du débarquement des Anglais en Egypte, une masse de douze à treize mille hommes fut intrépidement attaquée par ce général, qui n'en avait que trois mille : brûlant d'ambition, et ne désespérant pas d'en venir à bout à lui seul, il ne voulut attendre personne. D'abord, il renversa tout, fit un carnage immense, et succomba. S'il eût eu seulement deux à trois mille hommes de plus, il remplissait son projet. » (*Las Cases*, t. I, p. 284.)

« Le général Lanusse avait le feu sacré ; il s'était distingué par des actions d'éclat aux Pyrénées, en Italie ; il avait l'art de communiquer ses sentimens aux deux premiers. » (Menou et Reynier.) (*Montholon*, t. I, p. 74.)

LAPLACE (Pierre-Simon), né à Beaumont-en-Auge (Calvados), le 28 mars 1749. Professeur de mathématiques à l'école militaire du bourg où il naquit. Examinateur du corps royal d'artillerie. Membre de l'Académie des Sciences et du Bureau des Longitudes. Ministre de l'Intérieur après le 18 brumaire. Sénateur en 1799; vice-président en 1803; et bientôt après, chancelier. Comte de l'Empire. Pair de France, et marquis en juin 1814. Membre de l'Académie française en 1816. Membre de presque toutes les sociétés savantes du monde civilisé. Auteur de plusieurs ouvrages.

— « A l'intérieur, le ministre Quinette fut remplacé par Laplace, géomètre du premier rang; mais qui ne tarda pas à se montrer administrateur plus que médiocre; dès son premier travail, les Consuls s'aperçurent qu'ils s'étaient trompés : Laplace ne saisissait aucune question soûs son vrai point de vue. Il cherchait des subtilités partout, n'avait que des idées problématiques, et portait enfin l'esprit des infiniment petits dans l'administration. » (*Gourgaud*, t. I, p. 3.)

LARÉVEILLÈRE - LÉPEAUX (Louis - Marie), né à
Montaigu (Vendée), le 25 août 1753. Licencié en droit.
Avocat au Parlement de Paris. Il quitta le barreau pour
s'occuper d'histoire naturelle et de botanique. Député du
Tiers-État de la sénéchaussée d'Anjou aux États-Généraux.
Membre de l'Administration centrale, et adjudant-général
des gardes nationales de Maine-et-Loire. Président du
Comité de sûreté générale. Député à la Convention. Mis
hors la loi. Rappelé à la Convention en 1795. Membre de
la Commission des *onze*, pour rédiger la Constitution de
l'an 3. Président de la Convention. Président du Conseil
des Cinq-Cents. Membre du Directoire. Membre de la
classe des Sciences morales et politiques de l'Institut. Laréveillère - Lépeaux vit dans la retraite depuis la création
de l'Empire.

— « La Réveillère-Lépeaux, député de Maine-
et-Loire à la Convention, fut un des soixante-
treize arrêtés au 31 mai ; bossu, de l'extérieur le
plus désagréable qu'il soit possible, il avait le
corps d'Esope ; il écrivait passablement ; son esprit était de peu d'étendue ; il n'avait ni l'habitude des affaires, ni la connaissance des hommes.
Il fut alternativement dominé, selon les temps,
par Carnot et Rewbell ; le jardin des plantes, et
la théophilantropie faisaient toute son occupation ; il était fanatique par tempérament : du
reste, patriote chaud et sincère, citoyen probe,

bien intentionné; il entra pauvre au Directoire, et en sortit pauvre. La nature ne lui avait accordé que les qualités d'un magistrat subalterne. » (*Montholon*, t. III, p. 122.)

⸻

LAROCHEFOUCAULD (François-Alexandre-Frédéric, duc de), né le 11 janvier 1747. Jusqu'à la restauration de 1814, il n'avait porté que le nom de *Liancourt*. Grand-maître de la garderobe du Roi, à l'époque de la révolution. Député aux États-Généraux. Président du comité de mendicité en 1790. Obligé de quitter la France en 1792, il n'y retourna qu'en 1799. Il établit alors des manufactures, et ne reçut jamais rien de Napoléon. Il introduisit la vaccine en France. Pair de France à la restauration. Représentant de l'arrondissement de Clermont dans *les cent jours*. Admis de nouveau à la Chambre des Pairs en 1815. M. de Liancourt a publié plusieurs ouvrages utiles.

En passant en revue les premiers noms de la capitale, Napoléon s'est arrêté sur celui de Larochefoucauld, et sur divers membres de sa famille; sur la dame d'honneur de l'impératrice Joséphine; son mari, qu'il avait fait ambassadeur à Vienne et en Hollande; son frère le législateur; leur père, M. de Liancourt, qu'il estimait et considérait; enfin, sur la fille, qu'il avait fait épouser au prince Aldobrandini, frère du prince Borghèse. Napoléon avait eu un moment la pensée de la donner pour femme, à Ferdinand VII. (*Las Cas*, t. VII, p. 285.)

LARREY (Dominique-Jean), né à Beaudeau (Hautes-Pyrénées), dans le mois de juillet 1766. Il étudia la chirurgie sous son oncle *Alexis*, professeur célèbre, et chirurgien en chef de l'Hôpital de Toulouse. Larrey fit sa première campagne en 1787, sur la frégate *la Vigilante*. Second chirurgien interne à l'Hôtel des Invalides. Chirurgien de première classe, en 1792, à l'armée du maréchal Luckner. Créateur des *ambulances volantes*. Chirurgien principal à l'armée de Custines. Chirurgien en chef de la quatorzième armée républicaine, en 1794. Organisateur de l'école de chirurgie et d'anatomie de Toulon. Professeur à l'école militaire de santé du Val-de-Grace, en 1796. Chargé de l'inspection des camps et des hôpitaux de l'armée d'Italie. Chirurgien en chef à l'armée d'Égypte. Chirurgien en chef de la garde des Consuls, en 1802. Inspecteur-général du service de santé des armées, en 1805, et chirurgien en chef de la garde impériale. Baron de l'Empire, après la bataille de Wagram. Premier chirurgien de la grande armée, en 1812. Blessé et fait prisonnier à Waterloo.

« Larrey est le plus honnête homme et le meilleur ami du soldat que j'aie jamais connu. Vigilant et infatigable dans l'exercice de sa profession, on a vu Larrey sur le champ de bataille, après une action, accompagné d'une troupe de jeunes chirurgiens, s'efforçant de découvrir quelques signes de vie dans les corps étendus sur la terre. On trouvait Larrey, dans la saison la plus dure, et à toutes les heures du jour et de la nuit, au milieu des blessés ; il permettait à peine un moment de repos à ses aides, et il les tenait continuellement à leurs postes. Il tourmentait les généraux, et allait les éveiller pendant la nuit, toutes les fois qu'il avait besoin de fournitures ou de secours pour les blessés ou les malades. Tout le monde le craignait, parce qu'on savait qu'il viendrait sur-le-champ se plaindre à moi : il ne faisait la cour à personne, et il était l'ennemi implacable des *fournisseurs.* » (*O' Méara,* t. II, p. 199.)

— « Larrey avait laissé dans mon esprit l'idée du véritable homme de bien ; à la science, il joignait au dernier degré, toute la vertu d'une philanthropie effective : tous les blessés étaient de sa famille ; il n'était plus pour lui aucune considération, dès qu'il s'agissait de ses hôpitaux. C'est en grande partie à Larrey, que l'humanité doit l'heureuse révolution qu'a éprouvé la chirurgie. Larrey a toute mon estime et toute ma reconnaissance ; *Larrey est l'homme le plus vertueux que j'aie rencontré.* » (*Las Cases*, t. VI, p. 412 et 413.)

— Dans la campagne de Saxe, Larrey prouva à l'empereur que l'on avait indignement calomnié ses jeunes soldats, en les supposant capables de se mutiler volontairement. Après le plus rigoureux examen, Larrey avait été assez heureux d'acquérir la certitude qu'il n'existait pas un seul coupable. (*Las Cases*, t. VI, p. 416.)

LAS CASES (Emmanuel), marquis de la Caussade, et comte. Officier de marine avant la révolution. Émigré ; volontaire dans l'armée des Princes. Officier dans le régiment de Drudesnay. Auteur de l'*Atlas historique et géographique*, publié sous le nom de *Lesage*, un des ouvrages les plus utiles qui existent. Rentré en France après le 18 brumaire. Volontaire dans la campagne de Walcheren, en 1809. Chambellan de l'empereur, et maître des requêtes, section de la marine. Envoyé en mission en Hollande et en Illyrie. Après les désastres de Waterloo, M. de Las Cases sollicita et obtint de Napoléon la permission de le suivre partout. Il l'accompagna à Sainte-Hélène, d'où il fut enlevé le 27 novembre 1816, et transporté au cap de Bonne-Espérance. Conduit ensuite en Angleterre, il fut jeté sur le continent, séjourna en Belgique, et revint en France, où il a publié le *Mémorial de Sainte-Hélène.*

« Mon cher comte de Las Cases...., votre conduite à Sainte-Hélène a été, comme votre vie, honorable et sans reproche : j'aime à vous le dire.... »

— « Votre société m'était nécessaire. »

— « Combien vous avez passé de nuits pendant mes maladies ! »

— « Arrivé en Europe, soit que vous alliez en Angleterre, ou que vous retourniez dans la patrie, oubliez le souvenir des maux qu'on vous a fait souffrir ; vantez-vous de la fidélité que vous m'avez montrée, et de toute l'affection que je vous porte. »

« Comme tout porte à penser qu'on ne vous permettra pas de venir me voir avant votre départ, recevez mes embrassemens, l'assurance de mon estime et mon amitié ; soyez heureux !

Votre dévoué, NAPOLÉON. »

LATOUCHE-TRÉVILLE (LOUIS-RÉNÉ-MADELEINE, LEVASSOR DE), né à Rochefort, le 3 juin 1745. Il entra dans les gardes marines en 1756. Obtint une compagnie de cavalerie douze ans après, et reprit ensuite du service sur mer. Commandant de frégate en 1780. Employé à la paix dans l'administration supérieure de la marine. Chancelier de la Maison du duc d'Orléans, en 1786. Député aux États-Généraux en 1789. Rappelé au commandement d'une division navale, en 1792. Destitué et emprisonné en 1793. Commandant de l'escadre de Brest après le 18 brumaire, et plus tard, de celle dirigée contre Saint-Domingue. Vice-amiral et commandant l'escadre de la Méditerranée, en 1804. Mort à bord du *Bucentaure*, le 20 août de la même année.

Napoléon regrettait fort Latouche-Tréville; lui seul lui avait présenté l'idée d'un vrai talent; il pensait que cet amiral eût pu donner une autre impulsion aux affaires. L'attaque sur l'Inde, celle sur l'Angleterre, eussent été du moins entreprises, et se fussent peut-être accomplies. (*Las Cases*, t. III, p. 298.)

LATOUR, officier supérieur au service du roi de Sardaigne.

« Le général piémontais Latour, et le colonel Coste, furent chargés des pouvoirs du roi de Sardaigne, lors de l'armistice de Cherasque. « Le comte de Latour était un vieux soldat, lieutenant-général au service de Sardaigne, très-opposé à toutes les idées nouvelles, de peu d'instruction, et d'une capacité médiocre. » (*Las Cases*, t. II, p. 252.)

LATOUR-FOISSAC, militaire avant la révolution. Général de brigade en 1792. Commandant de Paris en 1796. Commandant de Mantoue en 1799, qu'il remit aux Autrichiens au bout de quelques jours de siége. Le général Latour-Foissac se retira à Hacqueville, près Poissy, où il mourut en 1806.

« L'acte des Consuls, qui cassait le général Latour-Foissac, pour la reddition de Mantoue, était, disait Napoléon, un acte illégal, tyrannique, sans doute, mais ici un mal nécessaire ; c'était la faute des lois. Il était cent fois, mille fois coupable, et pourtant, il est douteux que

nous l'eussions fait condamner. Son acquitte-
ment eût produit le plus mauvais effet. Nous le
frappâmes donc avec l'arme de l'honneur et de
l'opinion ; mais, je le répète, c'était un acte tyrannique, un de ces coups de boutoirs indispen-
sablement nécessaires parfois, au milieu des
grandes nations, et dans les grandes circonstances. » (*Las Cases*, t. III, p. 112.)

LAVATER (Gaspard), né à Zurich, le 15 novembre 1741.
Destiné à l'état ecclésiastique. Zélé, enthousiaste, poëte,
philosophe et orthodoxe à-la-fois. Auteur du fameux systême *Physiognomique*, par lequel il prétendait arriver, par
l'inspection des seuls traits de la figure, à la connaissance
du cœur de l'homme, des erreurs, des vices, des facultés,
des vertus ; enfin, ouvrir l'ame de ses semblables, et y lire
comme dans un livre. Lavater mourut en 1799, des suites
d'un coup mortel qui lui fut porté par une main que la
vengeance personnelle guida.

— « Lavater, avec ses rapports du physique
et du moral, n'est qu'un insigne charlatan.
Notre crédulité est dans le vice de notre nature ;
il est en nous de vouloir aussitôt nous parer
d'idées positives, lorsque nous devrions au con-

traire nous en garantir soigneusement. **A peine
voyons-nous les traits d'un homme que nous
voulons prétendre connaître son caractère. La
sagesse serait d'en repousser l'idée**, de neutra-
liser les circonstances mensongères. La raison,
l'expérience, et j'ai été dans le cas d'en faire
une grande pratique, montre que tous ces
signes extérieurs sont autant de mensonges,
qu'on ne saurait trop s'en garantir, et qu'il n'est
réellement d'autres moyens de juger et de connaître les hommes, que de les voir, de les es-'
sayer et de les pratiquer. » (*Las Cases*, t. V,
p. 86 et 87.)

LEBRUN (CHARLES-FRANÇOIS, duc de Plaisance), né à Saint-Sauveur-Landelin, le 19 mars 1739. Élève du collége des Grassins, à Paris, se livra à l'étude des langues. Entra dans le barreau, et fut ensuite nommé censeur royal. Payeur des rentes en 1768. Inspecteur - général des domaines de la couronne. Destitué par un nouveau ministre, M. d'Aiguillon, Lebrun passa quinze ans dans la retraite. En 1789, il publia la *Voix du Citoyen*. Député du Tiers–État aux Etats-Généraux de 1789. Membre du département de Seine – et - Oise ; démissionnaire en 1792. Député au Conseil des Anciens. Troisième Consul après le 18 brumaire. Prince ; archi-trésorier sous le Gouvernement impérial. Lieutenant–général de Napoléon dans la Hollande. Gouverneur-général en 1811. Grand-maître de l'Université dans les *cent jours*. Exclu de la pairie en 1815, il y fut rétabli en 1819. Il vit maintenant dans sa terre, près Dourdan.

Le premier Consul, en arrivant aux Tuileries, succédait à des orages, des temps, des mœurs qu'il était résolu de faire oublier ; mais il avait toujours été aux armées ; il arrivait d'Egypte, il avait quitté la France, jeune et sans expérience. Il ne connaissait personne, et c'est ce qui lui causa d'abord un grand embarras. Lebrun fut pour lui, dans ces premiers momens, une espèce de tuteur fort précieux...........

Le premier Consul se vit presque aussitôt entouré de femmes de fournisseurs ; elles étaient toutes charmantes , et de la dernière élégance ; ces deux circonstances semblaient être de rigueur parmi tous les faiseurs d'affaires , et entrer pour beaucoup dans leurs spéculations. Mais le sévère Lebrun était là pour éclairer son jeune Télémaque. Il fut résolu de ne pas les admettre dans la société des Tuileries. (*Las Cases*, t. III , p. 412 et 413.)

— « Lebrun était le contraire de Cambacérès ; il avait une pente extrême vers le sens opposé (c'est-à-dire , le sens de l'ancien régime , pour lequel Cambacérès , d'après Napoléon , avait un penchant décidé .Voyez *Cambacérès*). Lebrun était l'homme des idéalités. » (*Las Cases* , t. III , p. 45.)

— Napoléon disait , qu'au demeurant , il avait choisi en Cambacérès et Lebrun , deux hommes de mérite , deux personnages distingués ; tous deux sages , modérés , capables ; mais d'une nuance tout-à-fait opposée. L'un , l'avocat des abus , des préjugés , des anciennes institutions, du retour des honneurs , des distinctions, etc. , etc. ; l'autre froid , sévère , insensible , combattant tous ces objets , y cédant sans illusion , et tombant naturellement dans l'idéologie. (*Las Cases* , t. IV, p. 463 et 464.)

LECLERC (Charles-Emmanuel), né à Pontoise. Entré fort'jeune au service, il parvint bientôt, par son intrépidité, au grade d'adjudant-général, qui lui fut conféré en 1793. Il fit alors le siége de Toulon, où il se lia avec Napoléon Bonaparte. Général de brigade aux armées du Nord et du Rhin, et ensuite en Italie. Nommé chef de l'état-major de l'armée d'Italie, après le traité de Campo-Formio, il donna sa démission pour suivre Bonaparte en Égypte. A son retour, il épousa Pauline Bonaparte, sœur de Napoléon. Général en chef de l'armée de Portugal, en 1801. Général en chef de l'expédition envoyée contre Saint-Domingue, en 1802, Leclerc mourut dans l'île de la Tortue, le 2 novembre de la même année.

« Le capitaine-général Leclerc était un officier du premier mérite, propre à-la-fois au travail du cabinet et aux manœuvres du champ de bataille ; il avait fait les campagnes de 1796 et de 1797, comme adjudant-général auprès de *moi* ; celle de 1799 sous Moreau, comme général de division. Il commandait au combat de Freisingen, où il battit l'archiduc Ferdinand ; il conduisit en Espagne un corps d'observation de 20,000 hommes destiné à agir contre le Portugal ; enfin, dans cette expédition de Saint-Domingue, il déploya du talent et de l'activité ; en moins de trois mois, il battit et soumit cette armée noire qui s'était illustrée par la défaite d'une armée anglaise. » (*Montholon*, t. I, p. 202.)

***

LÉOPOLD (Georges- Chrétien- Frédéric), prince de Saxe - Cobourg, second frère du duc régnant Charles-Louis. Léopold est né le 16 décembre 1790 ; il avait épousé la princesse Caroline-Charlotte-Auguste de Galles, morte il y a trois ans.

« Le prince Léopold a pu être mon aide-de-camp, disait Napoléon : il l'a sollicité de moi, et je ne sais ce qui aura arrêté sa nomination. Il est fort heureux pour lui de n'avoir pas réussi : ce titre lui aurait coûté, sans doute, le mariage avec la princesse Charlotte de Galles. C'était le plus beau jeune homme que j'aie vu aux Tuileries. » (*Las Cases*, t. VII, p. 156.)

***

LESPINASSE (le comte de), général d'artillerie au commencement de la révolution. Membre du Sénat-Conservateur en 1804 ; pair de France à la restauration de 1814.

« Lespinasse , commandant l'artillerie , était un vieil officier, brave de sa personne , et fort zélé. » (*Montholon* , t. III , p. 252.)

LETOURNEUR DE LA MANCHE (ANTOINE-FRANÇOIS-LOUIS-HONORÉ), né à Grandville en 1751. Il entra d'abord dans le génie ; capitaine à l'époque de la révolution. Député à l'Assemblée législative par le département de la Manche , en 1791. Député à la Convention nationale ; membre du Comité militaire. Président de la Convention en janvier 1795. Membre du Comité de salut public , et ensuite du Directoire exécutif. Inspecteur-général d'artillerie en 1797. Préfet du département de la Loire - Inférieure après le 18 brumaire. Conseiller à la Cour des Comptes en 1804 ; il exerça ces fonctions jusqu'à la première restauration , et dans les *cent jours*. Compris dans la loi du 12 janvier 1816, Letourneur quitta la France , et alla mourir près de Bruxelles , dans le mois de septembre 1817.

« Letourneur , député du département de la Manche , avait été officier du génie. On a peine

à expliquer comment il fut nommé au Directoire; ce ne peut être que par une de ces bizar-
reries attachées aux grandes assemblées; il avait
peu d'esprit, était d'un petit caractère. Il y avait
à la Convention cent députés qui valaient mieux
que lui. Du reste, il était probe et honnête
homme, et bien intentionné. » (*Montholon*, t. III,
p. 126.)

LINDET (Jean-Baptiste-Robert), connu sous le nom de
Robert-Lindet. Il fut nommé député de l'Eure à l'Assemblée législative, en 1791. Député à la Convention
en 1792. Membre du Comité de salut public. Décrété
d'arrestation ; amnistié. Impliqué dans la conjuration de
Babeuf ; condamné par contumace, et acquitté en 1797.
Ministre des finances après le 30 prairial. Il vit dans la retraite depuis le 18 brumaire.

« Le ministère des finances était occupé par
Robert Lindet, qui avait été membre du Comité
de salut public, du temps de Roberspierre. C'é-
tait un homme probe, mais n'ayant aucune des
connaissances nécessaires pour l'administration
des finances d'un grand empire. Sous le gouvernement révolutionnaire, il avait cependant obtenu la réputation d'un grand financier; mais

sous ce gouvernement, le vrai ministre des finances, c'était le prote de la planche aux assignats. » (*Gourgaud*, t. I, p. 105.)

LIVERPOOL (lord HAWKESBURY), fils du comte de Liverpool, est né le 7 juin 1769. Il fut d'abord connu sous le nom de *Robert Banks Jenkinson*, et se livra à l'étude de l'économie politique. Il était à Paris à l'époque de la destruction de la Bastille. Élu membre du parlement d'Angleterre par le bourg de Ryo, en 1790, il s'attacha au parti ministériel. Commissaire pour les affaires de l'Inde, en 1793. Colonel en 1794. Maître de la monnaie en 1796. Membre du Conseil privé. Secrétaire-d'État pour les affaires étrangères en 1801. Il passa au département de l'intérieur après le traité d'Amiens. A l'époque de la démission de Pitt, il obtint l'emploi le plus lucratif dont le ministère anglais dispose. Celui de la garde des cinq ports. Lord Hawkesbury a épousé une fille du comte de Bristol, évêque de Darry.

« Lord Liverpool est, à ce qu'il paraît, ce qu'il y a de plus honnête dans le ministère anglais. On m'en a dit quelque bien ; il semble avoir de la tenue, de la décence ; car je ne me fâche point qu'on soit mon ennemi ; on a son métier à faire, son devoir à remplir ; mais j'ai lieu de m'indiner des mesures et des formes ignobles. » (*Las Cases*, t. VI, p. 261.)

LOUIS XVI, Roi de France, second fils du dauphin Louis et de Marie-Joséphine de Saxe. Né à Versailles, le 23 août 1754, il reçut en naissant le titre de duc de Berry. Il épousa, le 16 mai 1760, l'archiduchesse Marie-Antoinette d'Autriche. Couronné Roi de France, le 20 mai 1774, jour de la mort de Louis XV. Arrêté à Varennes, le 22 juin 1791. Suspendu de ses fonctions royales par l'Assemblée législative, au 10 août, et détenu au Luxembourg. Enfermé dans la tour du Temple. Mis en jugement par la Convention nationale, et condamné à mort, à la majorité de cinq voix, le 17 janvier 1793. Louis XVI périt sur l'échafaud révolutionnaire, quatre jours après sa condamnation.

« Dès le commencement de la révolution, Louis XVI paraît avoir eu constamment devant les yeux la vie de Charles Ier.

« L'exemple de Charles, qui, après en être venu à des extrémités fâcheuses avec le parlement, avait fini par y perdre la tête, empêcha Louis, en plusieurs occasions, de s'opposer aux efforts des révolutionnaires. Lorsqu'on le mit en jugement, il devait dire simplement que, d'après les lois, il ne pouvait rien faire de mal, et que sa personne était sacrée. La reine aurait dû faire de même ; cela ne leur aurait pas sauvé la vie, mais ils seraient morts avec encore plus de dignité. Roberspierre était d'avis qu'on fît mourir

le Roi secrètement. « A quoi servent ces vaines
« formalités, disait-il, lorsque vous allez le ju-
« ger, préparés à le condamner à mort, qu'il la
« mérite ou non! » La reine marcha à l'échafaud
avec une espèce de sensation de joie ; et ce devait être pour elle un grand soulagement de quitter une vie pendant laquelle elle avait été traitée
avec une aussi exécrable barbarie. » (*O' Méara*,
t. I, p. 248.)

    — « Louis XVI eût été le plus exemplaire des
particuliers, et il avait été un fort pauvre roi. »
(*Las Cases*, t. V, p. 113.)

LOUIS XVIII, Roi de France, frère puîné de Louis XVI, est né le 12 novembre 1755. Il reçut le titre de comte de Provence, et prit celui de *Monsieur*, à l'avènement de Louis XVI au trône. Le comte de Provence épousa, le 14 mai 1771, Marie-Joséphine de Savoie. Président du bureau *des Sages*, à la première assemblée des notables, qui eut lieu en 1787. *Monsieur* quitta la France dans la nuit du 20 au 21 juin 1791, et prit alors le nom de *Comte de Lille*. Déchu de son droit à la régence, par décret de l'Assemblée législative, du 16 janvier 1792, *Monsieur* se proclama, à Vérone, Roi de France, sous le nom de Louis XVIII, après la mort du fils de Louis XVI, qui eut lieu en 1795. Il servit alors en qualité de volontaire dans l'armée du prince de Condé. Louis XVIII se retira ensuite à Blakenbourg, à Mittau, à Varsovie, et enfin en Angleterre, dans le château d'Hartwell. Le Sénat de l'Empire ayant reconnu et proclamé, le 6 avril 1814, Louis XVIII, Roi de France, S. M. arriva à Calais, le 26 du même mois, à Saint-Ouen, le 2 mai, et le même jour, à Paris. Louis XVIII fut encore forcé de quitter la France dans la nuit du 19 au 20 mars, et d'habiter la ville de Gand, jusqu'après la bataille de Waterloo.

« Louis XVIII avait pu régner facilement en 1814, en se faisant national. Aujourd'hui, il ne lui reste plus que la chance fort odieuse et très-incertaine, d'une excessive sévérité : celle de la terreur. » (*Las Cases*, t. II, p. 29.)

« En passant en revue les nombreuses tentatives pratiquées sur sa personne , Napoléon observait que , pourtant , il devait à la justice de dire , qu'il n'avait jamais trouvé Louis XVIII dans une conspiration directe contre sa vie , ce qui avait été, l'on pouvait dire , permanent ailleurs. Il n'avait jamais connu de ce prince que des plans systématiques, des opérations idéales, etc. » (*Las Cases* , t. III , p. 427 et 428.)

LOWE-HUDSON (sir), né en Irlande en 1770. Chirurgien dans un régiment. Ayant guéri son colonel , il obtint pour récompense , le grade de sous - lieutenant , et obtint de même celui de lieutenant et celui de capitaine. Major en 1805 , il commandait une légion de bandits et de déserteurs. Lieutenant-colonel en 1806 , et commandant de l'île de Capri , il se croyait inexpugnable , lorsque le général Lamarque le força à capituler. Commissaire du gouvernement anglais en 1813 , près du général Blucher. Pendant l'occupation de la France , il commanda la ville de Marseille. Major-général et gouverneur de l'île de Sainte-Hélène en 1816 , sir Hudson-Lowe n'a quitté ce rocher qu'après y avoir vu expirer son illustre captif. Le ministère anglais l'a récompensé en lui donnant la propriété du 93e régiment d'infanterie, qui lui rapporte 400,000 fr. par an, et en lui décernant l'ordre du Bain.

A l'époque de son arrivée à Sainte-Hélène , sir Hudson Lowe avait environ 45 ans ; il était d'une taille commune, mince, maigre, sec ; rouge de visage et de chevelure, marqueté de taches de rousseur ; des yeux obliques, fixant à la dérobée et rarement en face, recouverts de sourcils d'un blond ardent, épais et fort proéminens. « Il est hideux, disait Napoléon : c'est une face patibulaire ; mais ne nous hâtons pas de prononcer : le moral, après tout, peut nous raccommoder avec ce que cette figure a de sinistre ; cela ne serait pas impossible. » (*Las Cases*, t. III, p. 75 et 76.)

« Voulez-vous que je vous dise ce que nous pensons de vous ? disait l'empereur à sir Hudson Lowe, nous vous croyons capable de tout ; *mais de tout* ; et tant que vous demeurerez avec votre haine, nous demeurerons avec notre pensée. J'attends encore quelque temps, parce que j'aime à être sûr ; et je me plaindrai alors de ce que le plus mauvais procédé des ministres n'a point été de m'envoyer à Sainte-Hélène ; mais bien de vous en avoir donné le commandement. Vous êtes pour nous un plus grand fléau que toutes les misères de cet affreux rocher. » (*Las Cases*, t. V, p. 28 et 29.)

« Les fautes de M. Lowe viennent de ses habitudes dans la vie ; il n'a jamais commandé que des déserteurs étrangers, des Piémontais, des

Corses, des Siciliens, et tous renégats traîtres à leur patrie; la lie, l'écume de l'Europe. S'il eût commandé des hommes, des Anglais, s'il l'était lui-même, il aurait des égards pour ceux qu'on doit honorer. » (*Las Cases*, t. V, p. 346.)

LUSIGNAN (le marquis de), d'une ancienne famille de la ci-devant province de Gascogne *.

— « Parmi les prisonniers faits par Masséna sur le prince Charles, lors du passage de la Piave, se trouva le général Lusignan, qui avait insulté les malades français, ses compatriotes, aux hôpitaux de Brescia, durant les succès éphémères de Wurmser. » (*Las Cases*, t. VI, p. 66.)

* *Note des Éditeurs.* Nous n'avons pu nous assurer s'il est ici question de ce marquis de Lusignan, qui fut député de la sénéchaussée de Condom aux États-Généraux, et qui s'opposa à l'abolition de la noblesse.

M.

MACDONALD (Étienne-Jacques-Joseph-Alexandre),
né à Sancerre (Cher), d'une famille originaire d'Écosse,
le 17 novembre 1765. Lieutenant dans le régiment irlandais de Dellon; cadet dans le 87ᵉ d'infanterie en 1787.
Colonel de l'ancien régiment de Picardie, après la bataille de Jemmappes. Général de brigade, commandant
l'avant-garde de l'armée du Nord sous Pichegru. Général
de division, après le passage du Vahal en Hollande. Gouverneur des Etats romains en 1799. Général en chef de
l'armée française dans le royaume de Naples, après la
destitution de Championnet. Commandant de Versailles au
18 brumaire. Commandant de l'armée des Grisons en 1801.
Ministre plénipotentiaire en Danemarck. Disgracié lors
du jugement de Moreau. Commandant de l'aile droite de
l'armée d'Italie en 1809. Maréchal d'Empire sur le champ
de bataille de Wagram. Duc de Tarente en 1810, et commandant de l'armée de Catalogne. Commandant du 10ᵉ
corps de la grande armée en Russie et en Saxe. Commandant de la gauche de l'armée dans la campagne de 1814.
Pair de France, le 4 juin de la même année. Commandant de l'armée royale sous les murs de Paris, en mars 1815.
Simple grenadier dans la garde nationale durant les *cent
jours*. Commandant de l'armée de la Loire lors de son
licenciement. Grand chancelier de la Légion-d'Honneur
en 1816. Major-général de la garde royale.

« Macdonald avait une grande loyauté. » (*Las
Cases*, t. III, p. 480.)

MACOY, colonel au service de l'Angleterre.

— Il avait été major du régiment corse que commandait sir Hudson Lowe, et ensuite colonel du régiment de Ceylan. Ce brave soldat ressemblait à un monument mutilé ; il avait une jambe de moins, un coup de sabre lui traversait le front, d'autres cicatrices couvraient son visage. Il était tombé sur le champ de bataille en Calabre, et demeuré prisonnier du général Partouneaux. Napoléon lui fit un accueil tout particulier ; on pouvait voir qu'il y avait sympathie réciproque. (*Las Cases*, t. II, p. 281.)

MAISON (Nicolas-Joseph), né à Épinay, le 19 décembre 1771. Entré au service en 1792 ; capitaine dans la même année. Destitué en 1793. Aide-de-camp du général Goquet. Adjudant-général-adjoint en 1794. Chef de bataillon sur le champ de bataille, en l'an 4. Adjudant-général en l'an 7. Commandant du département du Tanaro, après le traité d'Amiens. Général de brigade après la campagne d'Austerlitz. Général de division en 1811. Commandant du 2e corps de la grande armée, après la retraite de Moscow, et le 5e corps à Lutzen. Commandant le corps d'armée des frontières du Nord en 1814. Pair de France, le 4 juin 1814. Gouverneur de Paris en mars 1815. Marquis et pair, en 1817.

— « Ses manœuvres autour de Lille, dans la crise de 1814, avaient attiré mon attention, et l'avaient gravé dans mon esprit. » (*Las Cases,* t. VI, p. 366.)

MALET (Charles-François) , né à Dôle, le 28 juin 1754. Mousquetaire, et ensuite capitaine de cavalerie. Capitaine d'un des bataillons de volontaires en 1792 ; adjudant - général en 1793 ; général de brigade en 1799. Il fit les campagnes d'Italie , et fut disgracié lors de l'avènement de Napoléon au trône impérial. Emprisonné pendant plusieurs années, il s'échappa d'une maison de santé dans la nuit du 24 au 25 octobre 1812. Fit courir le bruit de la mort de Napoléon , marcha à l'Hôtel-de-Ville , à la tête d'une cohorte ; fit arrêter et emprisonner le ministre de la police Savary, et allait s'emparer du commandement de Paris , lorsqu'il fut arrêté , après avoir blessé le général Hullin. Malet, conduit en prison par les mêmes soldats qu'il venait de séduire , fut condamné à mort, et fusillé trois jours après.

« La célèbre affaire de Malet, était, en petit, mon retour de l'île d'Elbe , ma caricature. Cette extravagance ne fut , au fond, qu'une véritable mystification : c'était un prisonnier d'État , homme obscur, qui s'échappe pour emprisonner à son tour le préfet, le ministre de la police, ces gardiens de cachots , ces flaireurs de conspirations, lesquels se laissent moutonnément garotter. C'est un préfet de Paris, le répondant né de son département, très-dévoué d'ailleurs, mais qui se prête , sans la moindre opposition , aux arrangemens de réunion d'un nouveau gouvernement qui n'existe pas. Ce sont des ministres, nommés par les conspirateurs, occupés de bonne foi à ordonner leur costume, et faisant leur tournée de visites, quand ceux qui les avaient nommés, étaient déjà rentrés dans les cachots. C'est, enfin, toute une capitale, apprenant au réveil l'espèce de débauche politique de la nuit, sans en avoir éprouvé le moindre inconvénient. Une telle extravagance ne pouvait avoir absolument aucun résultat. La chose eût-elle en tout réussi, elle serait tombée d'elle-même quelques heures après ; et les conspirateurs victorieux n'eussent eu d'autre embarras, que de trouver à se cacher au sein du succès. » (*Las Cases*, t. VII, p. 93 et 94.)

MANFREDINI (le marquis de), instituteur, et ensuite
ministre du grand-duc de Toscane, fut disgracié en 1794.
Envoyé à Vienne en 1796, et dans la même année plénipotentiaire auprès du général Bonaparte, pour stipuler
l'évacuation de la Toscane. Gouverneur de la principauté
de Saltzbourg à la paix de Lunéville. Il a cessé de paraître
sur la scène politique, depuis 1805.

« Manfredini, majordome et premier ministre du grand-duc de Florence, avait été précepteur de ce prince, ainsi que de l'archiduc
Charles ; il était de Padoue, dans l'État de Venise ; il était propriétaire du régiment autrichien
de Manfredini. C'était un homme éclairé, qui
était aussi près de toutes les idées philosophiques
de la révolution, qu'il était éloigné de leurs excès ; il avait constamment résisté aux prétentions
de la cour de Rome, qui, après la mort de Léopold, avait cherché à faire revenir sur les actes
de ce prince. C'était un homme d'un sens droit,
généralement estimé, qui avait d'ailleurs un secret penchant pour l'indépendance de l'Italie. »
(*Montholon*, t. III, p. 265.)

MARET (Hugues-Bernard), né à Dijon en 1763. Ses premières études furent dirigées vers les connaissances nécessaires pour entrer dans l'artillerie ou le génie. Il concourut pour le prix proposé par l'académie de Dijon, dont le sujet était l'éloge de Vauban, et obtint le second rang, ce prix ayant été remporté par Carnot. Il se consacra dès-lors à l'étude des lois. Avocat au parlement. Membre du *Lycée de Monsieur*, aujourd'hui l'*Athénée de Paris*. Rédacteur du *Bulletin de l'Assemblée nationale* en 1789. Secrétaire de légation à Hambourg et à Bruxelles. Chargé des affaires belgiques après la déclaration de guerre. Chef de la première division au ministère des affaires étrangères, et directeur-général de ce ministère. Chargé d'affaires à Londres. Ministre plénipotentiaire à Naples. Arrêté par les Autrichiens, et emprisonné à Mantoue avec M. de Sémonville, ambassadeur à Constantinople. Tiré des cachots par les académiciens de Mantoue, et replongé dans les prisons de Kufstein. Rendu à sa patrie en 1796. Plénipotentiaire à Lille sous le Directoire. Secrétaire-général des Consuls, le lendemain du 18 brumaire. Secrétaire-d'État. Organisateur du gouvernement polonais en 1806. Plénipotentiaire pour traiter avec l'ambassadeur persan. Duc de Bassano. Ministre des relations extérieures en 1811. Resté sans fonctions à la restauration. M. Maret fut ministre de l'intérieur par *interim*, et ministre secrétaire-d'État durant les *cent jours*. Après la seconde abdication il fut exilé. Rentré en France en 1820, M. Maret vit, depuis ce moment, retiré des affaires publiques.

L'empereur disait que Bassano lui avait été sincèrement attaché. (*Las Cases*, t. III, p. 44.)

— « Bassano et Caulincourt, deux hommes de cœur et de droiture. » (*Las Cases*, t. VII, p. 279.)

MARIE (ANTOINETTE-JOSÉPHINE-JEANNE D'AUTRICHE), née à Vienne, le 2 novembre 1755 ; fille de l'empereur François Ier et de l'impératrice Marie-Thérèse. Mariée le 16 mai 1770, au duc de Berry, dauphin de France, depuis Louis XVI. Devenue reine de France, le 10 mai 1774. En 1778, après huit ans d'une union stérile, elle donna le jour à une princesse, aujourd'hui *Madame*, duchesse d'Angoulême. Le 22 octobre 1781, elle mit au monde le dauphin, mort peu d'années après ; le 27 mars 1785, elle eut un second prince, qui fut Louis XVII, et enfin, le 9 juillet 1786, elle eut une seconde fille qui mourut l'année suivante. Arrêtée à Varennes, le 10 juin 1791. Déchue de la souveraineté, le 10 août 1792. Emprisonnée au Temple, et ensuite à la Conciergerie. Mise en jugement le 14 octobre 1793, et condamnée. Marie - Antoinette périt sur l'échafaud révolutionnaire, le 16 octobre 1793.

« Marie-Antoinette eût été sans doute, dans tous les temps, l'ornement de tous les salons ; mais sa légèreté, ses inconséquences, son peu de capacité, n'avaient pas peu contribué à provoquer, à précipiter la catastrophe. Elle avait tout-à-fait changé les mœurs de Versailles ; l'antique gravité, la sévère étiquette se trouvaient transformées en gentillesses aisées , en vrais caquetages de boudoir. Tout homme sensé , tout homme de poids ne pouvait échapper à la mystification de jeunes courtisans , dont la disposition naturelle à la moquerie se trouvait aiguillonnée encore par les applaudissemens d'une jeune et belle souveraine. » (*Las Cases*, t. V, p. 113.)

MARIE - LOUISE DE LORRAINE (archiduchesse d'Autriche), née à Vienne le 14 décembre 1787 ; fille de feu l'archiduc Ferdinand et de la duchesse de Modène. Mariée à l'empereur François II , son cousin , le 6 janvier 1808. Morte à Vérone , le 7 avril 1816 , sans postérité.

« A Dresde, l'impératrice d'Autriche eût volontiers pris les tons de belle - mère avec Marie-Louise , qui n'était pas disposée à le souffrir ; leur âge étant à-peu-près le même. Elle venait souvent le matin à la toilette de Marie - Louise , fureter dans son luxe et sa magnificence : elle n'en sortait jamais les mains vides......

« Sans être l'ennemie jurée de Marie - Louise , elle avait pour sa belle-fille une bonne petite haine de cour : de la détestation dans le cœur ; mais gazée sous des lettres journalières de quatre pages , pleines de tendresse et de cajoleries. »

— L'impératrice d'Autriche soignait extrêmement Napoléon, avait pour lui une coquetterie
toute particulière, tant qu'il était présent ; mais
sitôt qu'il avait le dos tourné, elle ne s'occupait
plus qu'à en détacher Marie-Louise, par les in-
sinuations les plus méchantes et les plus mali-
cieuses ; elle était choquée de ne pas réussir à
prendre quelque empire sur Napoléon. « D'ailleurs, elle a de l'adresse, disait l'empereur, et
assez, pour embarrasser son mari, qui avait acquis la certitude qu'elle en faisait peu de cas. Sa
figure était agréable, piquante, avait quelque
chose de tout particulier ; c'était une *jolie petite
religieuse.* » (*Las Cases*, t. II, p. 363 et 364.)

MARIE-LOUISE (archiduchesse d'Autriche), née à
Vienne, le 12 décembre 1791 ; fille de l'empereur François II, et de Marie-Thérèse de Naples. Mariée le 1er avril
1810, à Napoléon Bonaparte, empereur des Français.
Mère de Napoléon-François. Déchue du trône impérial,
par l'abdication de Napoléon, le 4 avril 1814. Duchesse de
Parme, Plaisance et Guastalla. Elle vit dans ses États.

— « Napoléon disait qu'il avait été fort occupé
dans sa vie de deux femmes très-différentes :
l'une était l'art et les graces ; l'autre, l'innocence

et la simple nature ; et chacune avait bien son prix.

« Dans aucun moment de la vie, la première (Joséphine) n'avait de position ou d'attitude qui ne fussent agréables ou séduisantes ; il eût été impossible de lui surprendre ou d'en éprouver jamais aucun inconvénient ; tout ce que l'art peut imaginer en faveur des attraits, était employé par elle, mais avec un tel mystère, qu'on n'en apercevait jamais rien. L'autre, au contraire, ne soupçonnait même pas qu'il pût y avoir rien à gagner dans d'innocens artifices. L'une était toujours à côté de la vérité, son premier mouvement était la négative ; la seconde ignorait le mensonge, tout détour lui était étranger. La première ne demandait jamais rien à son mari, mais elle devait partout ; la seconde n'hésitait pas à demander quand elle n'avait plus, ce qui était fort rare, elle n'aurait pas cru devoir rien prendre sans payer aussitôt. Du reste, toutes les deux étaient bonnes, douces, fort attachées à leur mari, qui les avait constamment trouvées de l'humeur la plus égale, et d'une complaisance absolue. » (*Las Cases*, t. I, p. 383.) (*Voy*. BEAUHARNAIS-JOSÉPHINE.)

MARIE-LOUISE (infante d'Espagne et reine d'Étrurie),
née à Madrid, le 6 juillet 1782 ; troisième fille de Charles VI. Mariée, à 15 ans, au fils aînée du duc de Parme.
Reine d'Étrurie en 1811, elle perdit ses États en 1817, par
le traité de Bayonne ; séjourna à Nice, et ensuite enfermée
dans un couvent à Rome. Duchesse de Lucques en 1817.

— La reine d'Étrurie, sœur de Ferdinand,
fut une de celles qui prirent le plus de part à la
révolution d'Espagne ; sa correspondance avec
Murat, alors commandant en Espagne, est fort
curieuse. Elle était du parti de sa mère, et joua
un rôle très-actif dans les événemens de Madrid. Elle séjourna long-temps à Nice, où elle
ouvrit des correspondances secrètes avec des
commandans anglais dans la Méditerranée. Instruit qu'elle voulait quitter la France, Napoléon
lui fit dire qu'il serait fort aise qu'elle voulût
aller soit en Angleterre, soit en Sicile, soit en
tout autre pays de l'Europe. En effet, cette princesse n'était d'aucune importance, et son départ
eût épargné au Trésor 500,000 francs. (*Montholon*, t. II, p. 237.)

MARMONT (Auguste-Frédéric-Louis Viesse de), né à
Châtillon-sur-Seine, le 20 juillet 1774. Sous-lieutenant
d'infanterie à quinze ans. Sous-lieutenant d'artillerie en
1792. Capitaine à l'armée de Mayence. Commandant l'artillerie de l'avant-garde de Désaix. Aide-de-camp du général Bonaparte. Chef de brigade en l'an 5. Commandant
de la 4ᵉ demi-brigade en Égypte. Ramené en France par
le général en chef, il fut nommé Conseiller-d'Etat après
le 18 brumaire, et quelques mois après, il fut promu au
commandement en chef de l'artillerie de l'armée de réserve qui traversa le Saint-Bernard. Général de division
après la campagne de Marengo. Premier inspecteur-général d'artillerie en l'an 9. Commandant les troupes de
l'armée de Hollande en 1806. Commandant de la Dalmatie. Maréchal d'Empire sur le champ de bataille de Znaïm.
Gouverneur-général des provinces illyriennes. Duc de
Raguse. Général en chef de l'armée de Portugal. Commandant d'un corps d'armée en Allemagne en 1813, et à
la campagne de France en 1814. Il signa l'évacuation de
Paris, et consomma la chute de l'Empire par la défection
du corps sous ses ordres. A la restauration, le duc de Raguse fut nommé capitaine des gardes-du-corps du Roi.
Alla à Gand. Quitta le Roi pour se rendre à Aix-la-Cha-
pelle, et fut, à la seconde restauration, l'un des majors-
généraux de la garde royale. En mission à Lyon, en 1817.
Pair de France. Le maréchal Marmont s'occupe maintenant de la fabrication du sucre de betterave.

« Neveu, disait l'empereur, d'un de mes
camarades à Brienne et au régiment de La Fère,

qui me le recommanda en partant pour l'émigration ; cette circonstance m'avait mis dans le cas de lui servir d'oncle et de père, ce que j'avais réellement accompli ; j'y pris un véritable intérêt, et j'avais de bonne heure fait sa fortune. Son père était chevalier de Saint-Louis, propriétaire de forges en Bourgogne, et jouissait d'une fortune considérable. » (*Las Cases*, t. VII, p. 282.).

— « Jamais défection n'avait été plus avouée, ni plus funeste ; elle se trouve dans le *Moniteur*, et de sa propre main ; elle a été la cause immédiate de nos malheurs, le tombeau de notre puissance, le nuage de notre gloire, etc.... Et pourtant, disait Napoléon, avec une espèce de ressouvenir d'affection, je le répète, parce que je le pense, ses sentimens vaudront mieux que sa conduite ; et lui-même ne semble-t-il pas penser ainsi ? Les papiers nous disent qu'en sollicitant vainement pour Lavalette, il répond avec effusion aux difficultés du Monarque, en lui disant : « *Mais, Sire, moi, je vous ai donné plus que la vie.* » D'autres nous ont livrés aussi, ajoutait Napoléon, et d'une manière bien autrement vilaine ; mais leur acte, du moins, n'est pas consacré par des pièces officielles. » (*Las Cases*, t. VII, p. 281.)

— « La vanité avait perdu *Marmont :* la postérité flétrira sa vie ; pourtant son cœur vaudra mieux que sa mémoire. » (*Las Cases*, t. I, p. 412.)

MASSÉNA (André), né à Nice (Maritime). Il était sous-officier dans le régiment royal italien, au moment de la révolution. Fit la première campagne de Piémont dans les armées de la république française, et parvint rapidement au grade de général de brigade qui lui fut conféré en 1793. Général de division en 1795, il commanda l'aile droite de l'immortelle armée d'Italie, où il mérita l'honorable surnom d'*Enfant chéri de la Victoire*. Après les journées des 18 et 19 fructidor an 5, Masséna fut un des candidats portés sur les listes pour remplacer Carnot et Barthélemy au Directoire. Général en chef de l'armée d'Helvétie en 1798. Général en chef des armées françaises en Allemagne, en 1799. Défenseur de Gênes en 1800. Général en chef de l'armée d'Italie après la bataille de Marengo. Député au Corps-Législatif en 1803. Maréchal de l'Empire en 1804. Duc de Rivoli. Général en chef de l'armée d'Italie en 1805. Prince d'Essling en 1805. Gouverneur de la 8e division militaire, à l'époque du retour de Napoléon de l'île d'Elbe. Calomnié en 1815. Masséna mourut en mars 1817.

« Général d'un rare courage et d'une tenacité si remarquable, dont le talent croissait par l'excès du péril ; qui, vaincu, était toujours prêt à recommencer comme s'il eût été vainqueur. » (*Las Cases*, t. I, p. 363.)

— « Masséna, né à Nice, était entré au service de France, dans le régiment de Royal-Ita-

lien ; il était officier au moment de la révolution.
Il avança rapidement, et devint général de division. A l'armée d'Italie, il servit sous les généraux en chef Dugommier, Dubermion, Kellermann et Schérer. Il était fortement constitué,
infatigable, nuit et jour à cheval parmi les ro-
chers et dans les montagnes ; c'était le genre de
guerre qu'il entendait spécialement. Il était décidé, brave, intrépide, plein d'ambition et d'a-
mour-propre ; son caractère distinctif était l'opiniâtreté ; il n'était jamais découragé. Il négligeait
la discipline, soignait mal l'administration, et,
par cette raison, était peu aimé du soldat. Il
faisait assez mal les dispositions d'une attaque.
Sa conversation était peu intéressante ; mais au
premier coup de canon, au milieu des boulets et
des dangers, sa pensée acquérait de la force et
de la clarté. Était-il battu, il recommençait
comme s'il eût été vainqueur. A la fin de la campagne d'Italie, il reçut la commission d'aller
porter au Directoire les préliminaires de Léoben. Lors de la campagne d'Égypte, il eut le
commandement en chef de l'armée d'Helvétie,
et sauva la république par le gain de la bataille
de Zurich. Depuis, il a été maréchal, duc de Rivoli
et prince d'Essling. » (*Montholon*, t. III, p. 228.)

— « Masséna était un homme d'un talent supé-

rieur. Néanmoins, il faisait de mauvaises dispositions avant une bataille ; et ce n'était que lorsque les hommes tombaient de tous côtés, qu'il
commençait à agir avec ce jugement qu'il aurait
dû montrer auparavant. Au milieu des morts et
des mourans, de la grêle de balles qui moisson-
nait tout autour de lui, Masséna était toujours
lui-même. Il donnait ses ordres, et faisait ses dispositions avec le plus grand sang-froid et le plus
grand jugement. Voilà *la vera nobilità di sangue.*
On disait avec vérité de Masséna, qu'il ne commençait jamais à agir avec discernement, que
lorsque la chance d'une bataille se déclarait contre lui. C'était néanmoins un grand pillard. Il
était toujours de moitié avec les fournisseurs et
les commissaires de l'armée. Je lui dis plusieurs
fois que, s'il voulait cesser ses spéculations, je
lui ferais présent de 800,000 fr., ou d'un million;
mais il en avait pris tellement l'habitude, qu'il
ne pouvait s'empêcher de se mêler de ces sales
intrigues pécuniaires. Il était haï pour cela, par
les soldats, qui se révoltèrent trois ou quatre fois
contre lui. Cependant, eu égard aux circonstances, c'était un homme précieux, et il eût été
un grand homme, si ces qualités brillantes
n'eussent été obscurcies par le vice honteux de
l'avarice. » (*O' Méara*, t. I, p. 229.)

— « Masséna avait été un homme très-supérieur, qui, par un privilége très-particulier, ne
possédait l'équilibre tant désiré de l'esprit avec
le courage, qu'au milieu du feu ; il lui naissait au
milieu du danger. » (*Las Cases*, t. II, p. 20.)

« Masséna, Augereau, Brune et beaucoup
d'autres étaient des déprédateurs intrépides.
Masséna, en outre, était d'une avarice sordide. »
(*Las Cases*, t. III, p. 279.)

MATTEI (Alexandre), né à Rome le 20 février 1744.
Archevêque de Ferrare en 1777, et cardinal en 1779. Plénipotentiaire du Pape au traité de Tolentino, signé en 1797.
Banni par le gouvernement cisalpin. En 1800, il passa
dans l'ordre des cardinaux-évêques, et fut fait évêque de
Palestrine. Évêque de Porto en 1809. Exilé jusqu'en 1814,
il fut, depuis cette époque, évêque d'Ostie et Velletrie, et
doyen du sacré collége.

« Le cardinal Mattei, archevêque de Ferrare,
témoigna sa joie à la levée du siége de Mantoue,
et appela les peuples à l'insurrection. Il prit possession de la citadelle de Ferrare, et y arbora les
couleurs de l'Église ; le Pape y envoya aussitôt
un légat ; on croyait déjà les Français au-delà des
Alpes. Après la bataille de Castiglione, le cardi-

nal Mattei fut mandé à Brescia ; introduit devant
le général en chef, il ne répondit que par ce seul
mot *peccavi :* ce qui désarma le vainqueur, qui
se contenta de le tenir trois mois dans un séminaire. Depuis, ce cardinal a été plénipotentiaire
du pape à Tolentino. Il était d'une famille prin-
cière de Rome ; c'était un homme borné, de peu
de talent, mais qui passait pour être d'une dé-
votion sincère : il était minutieusement attaché
aux pratiques du culte. Après la mort du pape
Pie VI, la cour de Vienne s'agita beaucoup au
conclave de Venise, pour le faire nommer
Pape : elle ne réussit pas : Chiaramonti, évêque
d'Imola, l'emporta, et prit le nom de Pie VII. »
(*Montholon*, t. III, p. 295.)

MÉGRIGNY (Madame de).

L'empereur allant se faire couronner à Milan, coucha à Troyes. On lui présenta les autorités, et parmi elles, une jeune pétitionnaire à la
veille de se marier, et qui venait solliciter de
lui une faveur de fortune. Or, comme l'empereur désirait faire quelque chose qui fût, avec

éclat, agréable au pays, la circonstance lui parut favorable, et il la saisit avec toute la grace imaginable. La jeune personne (c'était madame de Mégrigny) appartenait aux premières familles de la province, mais tout-à-fait ruinée par l'émigration. A peine était-elle de retour au logis misérable de ses parens, qu'un page y entrait avec fracas, apportant le décret de l'empereur, qui leur rendait trente mille francs de rente, ou plus. On juge du bruit et de l'effet d'un tel événement. « Toutefois, comme rien n'était plus complètement joli, disait l'empereur, on voulait que ses attraits eussent été pour quelque chose dans sa galanterie, bien qu'il eût quitté la ville quelques heures après, et qu'il n'y eût plus songé; c'était égal. On sait comme se font les histoires; et comme elle épousa un de ses écuyers, qu'elle vint conséquemment à la cour, on avait mêlé tout cela comme de coutume; si bien que, nommée, depuis, sous-gouvernante du roi de Rome, le choix scandalisa un moment la sévère madame de Montesquiou, qui craignait de n'y voir qu'un arrangement. » (*Las Cases*, t. V, p. 174 et 176.)

MÉNEVAL (Claude-François), né à Paris en 1778. Il fut attaché à Joseph Bonaparte pendant la négociation d'Amiens et de Lunéville. Secrétaire du premier Consul en 1802. Maître des requêtes au Conseil-d'État. Baron de l'Empire. Secrétaire des commandemens de l'impératrice Marie-Louise, après la désastreuse campagne de Russie. En 1814, il accompagna cette princesse à Vienne, et ne la quitta qu'en mai 1815, lors du retour de Napoléon. Depuis lors, il est sans fonctions publiques.

— Napoléon, encore premier consul, se plaignait d'être sans secrétaire ; il venait de se défaire de celui qu'il avait eu, durant ses campagnes d'Italie et son expédition d'Égypte, son ancien camarade de collége, homme de beaucoup d'esprit, et qu'il aimait fort ; mais dont il venait d'être forcé de se séparer. Son frère Joseph lui offrit alors le sien, qu'il avait depuis peu de temps, et Napoléon, en l'acceptant, acquit un trésor. Il l'a répété plusieurs fois : c'était Méneval, que, depuis, il a fait baron, et secrétaire des commandemens de Marie-Louise.

Son titre, auprès du premier consul, fut celui de *secrétaire du portefeuille.*

Méneval était doux, réservé, fort secret, travaillant à toute heure et en tout temps ; aussi l'empereur n'en a-t-il jamais éprouvé que satisfaction, agrément, et l'a fort aimé. Le secrétaire du portefeuille était généralement chargé de tout le courant, et de tout ce qui était instantané et d'improvisation. Que d'affaires, de projets, de pensées ont été traités et transmis par son intermédiaire ? Il ouvrait et lisait toutes les lettres adressées directement à l'empereur, les classait pour son examen, et écrivait sous sa dictée. (*Las Cases*, t. VI, p. 275 et 276.)

« Comme je n'ai pu connaître les limites de mon travail, disait Napoléon, j'ai manqué tuer ce pauvre Méneval ; j'ai été obligé de le faire relever et de le mettre en convalescence auprès de Marie-Louise, chez laquelle son emploi n'était plus qu'un véritable sinécure. » (*Las Cases*, t. VI, p. 273.)

MENOU (Jacques-François-Abdallah), député de la noblesse du bailliage de Touraine aux États-Généraux de 1789. Secrétaire le 5 décembre, et président le 31 mars 1790. Membre du comité diplomatique. Après la session, il fut employé comme maréchal de camp à Paris, et ensuite dans le même grade à l'armée de l'Ouest. Général en chef de cette armée en 1793. Destitué. Commandant des sections de Paris au 1er prairial an 3. Général en chef de l'armée de l'intérieur. Dénoncé comme traître. Mis en jugement, et acquitté en 1795. Général de division dans l'armée d'Égypte, il s'y fit mahométan, et s'y maria. Général en chef de l'armée après la mort de Kléber. Appelé au Tribunat en 1802. Administrateur du Piémont. Gouverneur de la Toscane en 1805, et enfin gouverneur de Venise où il mourut, le 13 août 1810.

« Le général Menou était très-instruit, bon administrateur, intègre. Il s'était fait musulman, ce qui était assez ridicule, mais fort agréable au pays : on était en doute sur ses talens militaires ; on savait qu'il était extrêmement brave, il s'était bien comporté dans la Vendée, et à l'assaut d'Alexandrie. » (*Montholon*, t. I, p. 73.)

— « Après la mort de Kléber, l'Égypte ne fut plus qu'un champ d'intrigues ; la force et le courage des Français restèrent les mêmes ; mais l'emploi ou la direction qu'en fit le général ne ressemblèrent plus à rien. Menou était tout-à-fait incapable ; les Anglais vinrent l'attaquer avec vingt mille hommes : il avait des forces beaucoup plus nombreuses, et le moral des deux armées ne pouvait pas se comparer. Par un aveuglement inconcevable, Menou se hâta de disperser toutes ses troupes, dès qu'il apprit que les Anglais paraissaient ; ceux-ci se présentèrent en masse, et ne furent attaqués qu'en détail. » (*Las Cases*, t. I, p. 283.)

— « L'Égypte fût restée à jamais une province française, s'il y eût eu, pour la défendre, tout autre que Menou ; rien que les fautes grossières de ce dernier ont pu amener la perte de cette contrée. » (*Las Cases*, t. I, p. 260.)

« Menou était un homme courageux, mais il n'était pas soldat. » (*O' Méara.* t. I, p. 54.)

MERLIN (Philippe-Antoine) (de Douai), né le 3o oc‑
tobre 1754, à Arleux. Avocat au Parlement de Douai.
Député du Tiers-État aux États-Généraux de 1789. Prési‑
dent de l'un des tribunaux de district de Paris. Député à la
Convention nationale en 1792. Envoyé en mission dans la
Belgique en 1793. Président de la Convention après la
mort de Roberspierre. Merlin proposa et fit décréter la
réunion de la Belgique et du pays de Liége à la France.
Rédacteur du *Code des délits et des peines*, adopté en l'an 4.
Ministre de la justice. Ministre de la police , et de nouveau
ministre de la justice en l'an 4. L'un des directeurs de la
république après le 18 fructidor. Démissionnaire. Substi‑
tut du procureur-général à la Cour de Cassation , après le
18 brumaire. Procureur-général de la même Cour, en 1801.
Conseiller - d'État en 1806. Comte de l'Empire. Destitué
de sa place de procureur-général en 1805. Rappelé à ces
fonctions dans les *cent jours*. Membre de la Chambre des
représentans. Ministre d'État. Compris dans l'ordonnance
du 24 juillet 1815. Merlin s'est retiré dans le royaume des
Pays-Bas.

— « Au Conseil-d'État , disait Napoléon ,
j'étais très-fort, tant qu'on demeurait dans le
domaine du Code ; mais, dès qu'on passait aux
régions extérieures, je tombais dans les ténèbres,
et Merlin était ma ressource, je m'en servais
comme d'un flambeau. Sans être brillant, il est
fort érudit, puis sage, droit et honnête ; un des

vétérans de la vieille bonne cause : il m'était fort attaché. » (*Las Cases*, t. VI , p. 3o8.)

MESMER (Frédéric-Antoine), né dans la Souabe en 1734. Célèbre médecin, et fondateur de la doctrine du *Magnétisme animal*, que l'on appelait *Mesmérisme*. Il trouva de sévères antagonistes ; les académies de Paris et de Londres gardèrent le silence sur l'envoi qu'il leur avait fait de son système ; celle de Berlin le traita de visionnaire. Il habita Vienne, et vint à Paris en 1778, où il fit un grand nombre d'expériences. Sans avoir convaincu les savans, il se fit un grand nombre de partisans, et retira des sommes énormes des souscriptions qui furent ouvertes en sa faveur, et des dons qu'on lui fit. Le Gouvernement prescrivit enfin un examen sévère du système et de l'emploi du *magnétisme animal*. Bailly fut le rapporteur de la commission, et le rôle de Mesmer en France fut terminé. Il se retira alors en Angleterre, et mourut dans sa patrie en 1815.

« Toutes les charlataneries de Cagliostro, Mesmer, Gall, Lavater, etc., se détruisent par ce seul raisonnement bien simple pourtant : *tout cela peut être, mais cela n'est pas.*

« Mesmer et le Mesmérisme ne se sont jamais relevés du rapport de Bailly, au nom de l'Académie des sciences. Mesmer produisait des effets sur une personne, en la magnétisant en face.

Cette même personne, magnétisée par derrière, à son insu, n'éprouvait plus rien. C'était donc, de sa part, une erreur de son imagination, une faiblesse des sens. C'était le somnambule qui, la nuit, court sur les toits sans danger, parce qu'il ne craint pas ; le jour, il se casserait le cou, parce que ses sens le troubleraient. » (*Las Cases*, t. V, p. 84 et 85.)

MISSIESSY (ÉDOUARD-THOMAS BURGUES DE), né à Quiés en Provence, d'une famille originaire de Catalogne. Il entra de bonne heure dans la marine, et devint lieutenant de vaisseau. Sorti de France à l'époque de la révolution, il y rentra après le 18 brumaire. Chargé de ravitailler Saint-Domingue, il fut destitué à son retour. Vice-amiral en 1809, sur la flotte de l'Escaut réunie à Anvers ; il avait encore ce commandement à la restauration de 1814. Nommé par le Roi l'un des officiers généraux chargés de l'organisation du corps de la marine ; puis, commandant d'un corps de marine pour repousser Napoléon. Commandant de la marine à Toulon, au second retour du Roi.

« Missiessy était un homme peu sûr ; sa famille avait livré Toulon. » (*Las Cases*, t. III , p. 297.)

MOLÉ (Louis-Mathieu), né en 1780. Fils du président
Molé qui a péri dans la terreur. Élève de Fontanes. Audi-
teur au Conseil-d'État. Maître des requêtes. Préfet de la
Côte-d'Or en 1800. Conseiller-d'État en 1801. Directeur-
général des ponts-et-chaussées, en 1809. Ministre de la
justice en 1813. Pair dans les *cent jours*. Conseiller-d'État.
Directeur-général des ponts-et-chaussées, et pair de
France à la seconde restauration. Ministre de la marine
en 1818. M. Molé a perdu le portefeuille en 1818.

« Molé, ce beau nom de la magistrature, caractère appelé, probablement, à jouer un rôle
dans les ministères futurs. » (*Las Cases*, t. VII,
p. 279.)

MOLLIEN (François-Nicolas), né à Rouen en 1758.
Chef de bureau aux fermes générales avant la révolution.
Directeur-général de la caisse d'amortissement, après le
18 brumaire. Conseiller-d'État ; ministre du trésor public
en 1806. Créateur de la caisse de survivance. Comte de
l'Empire. M. Mollien quitta son ministère à la restauration ; le reprit dans les *cent jours*, et fut alors nommé pair.
Il perdit encore son ministère et sa pairie au second retour
du Roi. Pair de France en 1819.

« Mollien, homme de tant de perspicacité et
de promptitude. » (*Las Cases*, t. VII, p. 279.)

MONCEY (Bon-Adrien-Jeannot), né à Besançon le 31 juillet 1754 ; fils d'un avocat au Parlement de cette ville. Il s'enrôla jeune encore, et servit comme grenadier jusqu'en 1773. Racheta deux fois son congé, et se livra ensuite à l'étude du droit. En 1774, il entra dans la gendarmerie. Sous-lieutenant de dragons dans les volontaires de Nassau, en 1778. Capitaine d'infanterie légère en 1791. Chef de bataillon en 1793. Général de brigade en 1794 ; bientôt après général de division, et général en chef de l'armée des Pyrénées. Commandant de la 11e division militaire en 1795 Commandant l'un des corps de l'armée d'Italie en 1799. Premier inspecteur-général de la gendarmerie en 1801. Maréchal d'Empire en 1804 ; duc de Conégliano. Commandant de l'armée de réserve du Nord. Major-général : commandant en second la garde nationale parisienne en 1814. Ministre d'Etat à la restauration, et pair de France. Pair de France dans les *cent jours*. A la seconde restauration, président du Conseil de guerre, chargé de prononcer sur le sort du maréchal Ney, le duc de Conégliano refusa. Il fut destitué et emprisonné pendant trois mois au château de Ham. Rétabli ensuite dans tous ses titres, il a été de nouveau nommé pair de France en 1819.

« Moncey était un honnête homme. » (*Las Cases*, t. III, p. 280.)

MONGE (Gaspard), né à Mézières (Ardennes), le 10
mai 1746. Professeur de mathématiques. Examinateur des
élèves de l'école de marine. Ministre de la marine en 1792.
Il donna sa démission en 1793 ; mais il fut rappelé quelques jours après, et dut se démettre définitivement.
Membre de la première classe de l'Institut en 1795. Professeur de géométrie à l'école normale. Membre de la
Commission d'Égypte. Sénateur en 1799. Comte de Peluse
en 1804. Président du Sénat en 1806. Envoyé extraordinaire dans la 25ᵉ division militaire en 1813. Exclu de la
pairie à la première restauration. A la seconde, il fut
rayé de la liste des membres de l'Institut. Monge est mort
à Paris, le 29 juillet 1814, âgé de 70 ans.

— « Rien n'était plus commun que de rencontrer des hommes de l'époque de notre révolution, fort au rebours de la réputation que
sembleraient justifier leurs paroles et leurs actes
d'alors : on pourrait croire Monge, par exemple, un homme terrible. Quand la guerre fut
décidée, il monta à la tribune des Jacobins, et
déclara qu'il donnait d'avance ses deux filles aux
deux premiers soldats qui seraient blessés par
l'ennemi ; ce qu'il pouvait faire à toute rigueur
pour son compte, mais il prétendait qu'on y
obligeât tout le monde, et voulait qu'on tuât
tous les nobles, etc.... Or, Monge était le plus
doux, le plus faible des hommes, et n'aurait pas

laissé tuer un poulet, s'il eût fallu en faire l'exécution lui-même, ou seulement devant lui. Ce forcéné républicain, à ce qu'il croyait, avait pourtant une espèce de culte pour moi, c'était de l'adoration : il m'aimait comme on aime sa maîtresse. » (*Las Cases*, t. IV, p. 204.)

MONTALIVET (JEAN-PIERRE BACHASSON DE), né le 5 juillet 1766. Fils d'un maréchal-de-camp. Destiné au barreau, il acquit une charge de conseiller au Parlement de Grenoble. Maire de Valence durant le cours de la révolution. Préfet du département de la Manche après le 18 brumaire, et préfet de Seine-et-Oise en 1804. Conseiller-d'État, comte de l'Empire, et directeur-général des ponts-et-chaussées en 1805. Ministre de l'intérieur en 1810. Il fut du nombre des ministres qui accompagnèrent l'impératrice Marie-Louise à Blois. Resté sans fonctions à la restauration, il fut nommé intendant-général de la couronne, et pair de France dans les *cent jours*. Depuis lors, il n'a plus exercé aucune fonction publique.

« Honnête homme, qui m'est demeuré, je crois, toujours tendrement attaché. » (*Las Cases*, t. I, p. 169.)

MONTESQUIOU (Madame de).

L'empereur disait, en parlant de madame de Montesquiou : « C'est une femme d'un rare mérite : sa piété est sincère, ses principes exaltés : elle s'est acquis de grands titres à mon estime et à mon affection. Il m'en eût fallu deux comme elle, une demi-douzaine ; je les eusse toutes placées dignement, et j'en eusse demandé encore : elle a été parfaite à Vienne, auprès de mon fils.

« Voici, du reste, qui donnera une juste idée de la manière dont elle élevait le roi de Rome : ce jeune prince occupait le rez-de-chaussée donnant sur la cour des Tuileries : il était peu d'heures de la journée où un grand nombre de spectateurs ne regardassent pas la fenêtre, dans l'espérance de l'apercevoir. Un jour qu'il était dans un violent accès de colère, et qu'il se montra rebelle à tous les efforts de madame de Montesquiou, elle ordonna de fermer à l'instant tous les contrevents : l'enfant, étourdi de cette obscurité subite, demanda aussitôt à *maman Quiou*, pourquoi tout cela? « C'est que je vous aime « trop, pour ne pas cacher votre colère à tout le « monde. Que diraient toutes ces personnes,

« que vous gouvernerez peut-être un jour, si
« elles vous avaient vu dans cet état? Croyez-
« vous qu'elles voulussent vous obéir, si elles
« vous savaient aussi méchant? » Et l'enfant,
de demander pardon aussitôt, et de promettre
que cela ne lui arriverait plus.

« Voilà, observait l'empereur, des manières
différentes de celles de M. de Villeroi à Louis XV:
*Regardez tout ce peuple, mon maître, il vous ap-
partient; tous ces hommes, que vous voyez là, sont
à vous.*

« Madame de Montesquiou était adorée de cet
enfant. Quand on voulut la renvoyer de Vienne,
il fallut employer la ruse, et le tromper; ce fut
jusqu'à craindre pour sa santé. » (*Las Cases*, t. I,
p. 389, 390 et 391.)

MONTHOLON (Charles-Tristan), fils du colonel des dragons de Penthièvre. Il entra au service à 15 ans. Il reçut un sabre d'honneur du premier Consul, à l'époque mémorable du 18 brumaire. Aide-de-camp du prince Berthier. Nommé chambellan à la suite des blessures qu'il avait reçues en Allemagne et en Prusse, Napoléon lui confia la légation de Wurtzbourg. Commandant du département de la Loire, à l'époque de la première abdication. Commandant l'escorte de Napoléon au 20 mars 1815. Général de brigade durant les *cent jours*. M. de Montholon a sollicité et obtenu la permission de suivre Napoléon à l'île Sainte-Hélène, où il est resté jusqu'à la mort de cet illustre captif. A son retour en France, le général Montholon a publié ses *Mémoires*.

— « Montholon est le fils de Sémonville, disait Napoléon, un beau-frère de Joubert, un enfant de la révolution et des camps. » (*Las Cases*, t. IV, p. 255.)

MOREAU (Jean-Victor), né à Morlaix, le 11 aout 1763. Fils d'un avocat. Destiné lui-même au barreau, son penchant pour les armes l'entraîna à s'engager à l'âge de dix-huit ans. Son congé fut aussitôt racheté, et Moreau était prévôt de droit à Rennes, au commencement de la révolution. Il commanda les attroupemens rennois et nantais qui se formèrent en 1789. En 1790, il présida la confédération de la jeunesse bretonne. Commandant d'un bataillon de volontaires. Général de brigade en 1793; et général de division le 14 avril 1794. Commandant de l'aile droite de l'armée de Pichegru en Hollande; puis, général en chef de l'armée de Rhin et Moselle en 1796. Obligé de prendre sa retraite lors de l'affaire des papiers de Pichegru; Moreau reçut en 1798 le titre d'inspecteur-général. Général en chef de l'armée d'Italie, à la retraite de Schérer. Général en chef de l'armée du Rhin en 1799. Commandant de l'armée du Danube après le 18 brumaire. Moreau devait alors épouser la sœur du premier Consul, Pauline. Devenu suspect, il fut arrêté et condamné, le 10 juin 1804, à deux années d'exil. Il alla se fixer aux États-Unis. En 1813, Moreau traversa les mers, pour venir s'unir aux ennemis de son pays. Frappé devant Dresde, d'un boulet qui lui emporta les deux jambes, Moreau mourut en Bohême, le 2 septembre 1813.

« Le général Moreau a fait la campagne de 1794 et de 1795, sous les ordres des généraux Pichegru et Jourdan, comme Souham, Taponier, Michaud, etc.: il commanda en chef, pour

la première fois, au mois de mai 1796, à l'armée du Rhin; il passa ce fleuve au mois de juillet. Napoléon était alors maître de toute l'Italie.

« La campagne en Allemagne, de 1796, ne fait
honneur ni aux talens militaires de ceux qui en
ont conçu le plan, ni au général qui en a eu la
principale direction, et qui a commandé la
principale armée : 1° Il passa sur la rive droite
du Danube et du Lech, après la bataille de Ne-
resheim, le 11 août, tandis qu'en marchant devant lui sur l'Athmuhl, par la rive gauche du
Danube, il se fût joint en trois marches avec
l'armée de Sambre-et-Meuse, qui était sur la
Rednitz, et eût, par ce mouvement, décidé de
la campagne; 2° il resta inactif six semaines,
pendant août et septembre, en Bavière, pendant que l'archiduc battait l'armée de Sambre-
et-Meuse, et la rejetait au-delà du Rhin; 3° il
laissa assiéger Kehl pendant plusieurs mois, par
une armée inférieure, à la vue de la sienne, et
il le laissa prendre.

« Dans la campagne de 1799, il servit d'abord
en Italie, sous Schérer, comme général de division; il y montra autant de bravoure que d'habileté, à la tête d'une ou deux divisions; mais,
appelé au commandement en chef de cette même
armée, à la fin d'avril, par le rappel de Schérer,

il ne fit que des fautes, et ne montra pas plus de connaissances du grand art de la guerre, qu'il n'en avait montré dans la campagne de 1796. 1° Il se fit battre à Cassano, par Suwarow ; il y perdit la plus grande partie de son artillerie, et laissa cerner et prendre la division Serrurier. 2° Il fit sa retraite sur le Tésin, tandis qu'il eût dû la faire sur la rive droite du Pô, par le pont de Plaisance, afin de se réunir à l'armée de Naples que commandait Macdonald, et qui était en marche pour s'approcher du Pô : cette réunion faite, il était maître de l'Italie. 3° Du Tésin, il fit sa retraite sur Turin, laissant Suwarow maître de se porter sur Gênes, et de le couper entièrement de l'armée de Naples. Il s'aperçut à temps de cette faute, revint en toute hâte par la rive droite du Pô sur Alexandrie ; mais, quelques jours après, il commit la même faute, en marchant sur Côni, et abandonnant entièrement l'armée de Naples, et les hauteurs de Gênes. 4° Pendant qu'il marchait à l'Ouest, Macdonald arrivait avec l'armée de Naples sur la Spezia ; au lieu d'opérer sa jonction avec ce général, sur Gênes, derrière l'Apennin, et de déboucher, réunis par la Bocchetta, pour faire lever le siége de Mantoue, Moreau prescrivit à Macdonald de passer l'Apennin, et d'entrer dans la valiée du

Pô, pour opérer sa jonction sur Tortone ; il arriva ce qui devait arriver : l'armée de Naples seule eut à supporter tous les efforts de l'ennemi aux champs de la Trebbia, et l'Italie alors fut véritablement perdue.

« En 1799, Moreau ne jouissait d'aucun crédit, ni dans l'armée, ni dans la nation ; sa conduite en fructidor 1797, l'avait discrédité dans tous les partis ; il avait gardé pour lui les papiers trouvés dans le fourgon de Klinglin, qui prouvaient les correspondances de Pichegru avec le duc d'Enghien et les Autrichiens, ainsi que les trames des factions de l'intérieur, pendant que Pichegru, masqué par la réputation qu'il avait acquise en Hollande, exerçait une grande influence sur la législature. Moreau trahit son serment, et viola ses devoirs envers son Gouvernement, en lui dérobant la connaissance de papiers d'une si haute importance, et auxquels pouvait être attaché le salut de la république ; si c'était son amitié pour Pichegru, qui le portait à ce coupable ménagement, il fallait alors ne pas communiquer ces papiers, au moment où leur connaissance n'était plus utile à l'État, puisqu'après la journée du 18 fructidor, le parti était abattu, et Pichegru dans les fers. La proclamation de Moreau a l'armée, et sa lettre à Barthélemy, furent un coup mortel qui priva Pichegru et ses malheureux compagnons de la seule con-solation qui reste aux malheureux , l'intérêt pu-blic.

« Moreau n'avait aucun systême, ni sur la politique , ni sur le militaire ; il était excellent soldat, brave de sa personne, capable de bien remuer, sur un champ de bataille, une petite ar-mée , mais absolument étranger aux connais-sances de la grande tactique. S'il se fût mêlé dans quelques intrigues pour faire un 18 brumaire, il eût échoué. Il se serait perdu , ainsi que le parti qui se serait attaché à lui. Lorsqu'au mois de novembre 1799 , le Corps-Législatif donna un dîner à Napoléon , un grand nombre de députés ne voulurent point y assister, parce que Moreau devait y occuper un rang distingué , et qu'ils ne voulaient rendre aucun témoignage de considé-ration au général qui avait trahi la république en fructidor. Ce fut dans cette circonstance, que ces deux généraux se virent pour la première fois. Quelques jours avant le 18 brumaire, pres-sentant qu'il se tramait quelques changemens, Moreau se mit à la disposition de Napoléon , et lui dit, qu'il suffisait de le prévenir une heure d'avance, qu'il viendrait à cheval près de lui, avec ses officiers et ses pistolets, sans autre condition. Il ne fut pas dans le secret du 18 brumaire. Il se rendit, le 18, à la pointe du jour, chez Napoléon, comme un grand nombre d'autres généraux et officiers qu'on avait prévenus dans la nuit, et sur l'attachement desquels on avait droit de compter.

« Le 18 brumaire, à midi, après que Napoléon eut pris le commandement de la 17ᵉ division militaire. et des troupes qui étaient à Paris, il donna celui des Tuileries à Lannes ; celui de Saint-Cloud, à Murat ; celui de la Chaussée de Paris à Saint-Cloud, à Serrurier ; celui de Versailles, à Macdonald ; et celui du Luxembourg, à Moreau. Quatre cents hommes de la 96ᵉ furent destinés à marcher sous ses ordres, pour garder ce palais ; ils s'y refusèrent, disant qu'ils ne voulaient pas marcher sous les ordres d'un général qui n'était pas patriote. Napoléon dut s'y rendre lui-même, et les haranguer, pour lever ces difficultés.

« Après brumaire, les Jacobins continuèrent à remuer, et à chercher des appuis dans les armées de Hollande et d'Helvétie. Masséna était plus propre que personne pour commander dans la rivière de Gênes où il n'y avait pas un sentier qu'il ne connût. Brune, qui commandait en Hollande, fut envoyé dans la Vendée : on rompit ainsi toutes les trames qui pouvaient exister dans ces armées ; d'ailleurs, le premier Consul n'eut jamais qu'à se louer de Moreau jusqu'au moment de son mariage qui eut lieu pendant l'armistice de Pahrsdorf, en juillet 1800.

« Ce serait avoir des idées bien fausses de l'état de l'esprit public alors, que de supposer qu'il y eut eu aucun partage dans l'autorité : la république était une, Napoléon, premier magistrat, était l'homme de la France ; il était tout : les Autorités constituées, le Sénat, le Tribunat, le Corps-Législatif, avaient leur influence : tout individu qui n'exerçait pas d'influence sur ces corps, n'était rien. Moreau ne commandait pas d'armées, elles étaient toutes entre les mains d'hommes d'une faction opposée. Masséna, qui venait de sauver la France à Zurich, Brune, qui venait de battre le duc d'York, et de sauver la Hollande, jouissaient alors d'une grande réputation. Moreau qui, à la tache de fructidor, joignit celles des défaites de Cassano et de la Trebbia, auxquelles on attribuait la perte de l'Italie, était peu en faveur ; mais c'est justement parce qu'il était alors peu accrédité, que le danger ne pouvait venir, s'il y en avait du côté des armées, que de la part du parti opposé, que le Gouvernement consulaire accorda une grande confiance

à ce général, et lui confia une armée de cent quarante mille hommes, dont le commandement
s'étendit de la Suisse au bord du Mein.

« Il n'y eut aucune discussion sur le plan de
campagne de 1800, entre Moreau et le ministre
de la guerre. Napoléon, en considérant la position de la France, reconnut que les deux frontières sur lesquelles on allait se battre, celle
d'Allemagne, celle d'Italie, la première était la
frontière prédominante ; celle d'Italie était la
frontière secondaire. En effet, si l'armée de la
république eût été battue sur le Rhin, et victorieuse en Italie, l'armée autrichienne eût pu
entrer en Alsace, en Franche-Comté ou en Belgique, et poursuivre ses succès sans que l'armée
française, victorieuse en Italie, pût opérer aucune division capable de l'arrêter, puisque, pour
s'asseoir dans la vallée du Pô, il lui fallait prendre Alexandrie, Tortone et Mantoue ; ce qui
exigeait une campagne entière ; toute diversion
qu'elle eût voulu opérer sur la Suisse, eût été
sans effet. Du dernier col des Alpes, on peut entrer en Italie sans obstacle ; mais des plaines d'I-
talie, on eût trouvé à tous les pas des positions,
si on eût voulu pénétrer dans la Suisse. Si l'armée française était victorieuse sur la frontière
prédominante, tandis que celle sur la frontière

secondaire d'Italie serait battue ; tout ce qu'on pouvait craindre était la prise de Gênes, une invasion en Provence, ou peut-être le siége de Toulon ; mais un détachement de l'armée d'Allemagne, qui descendrait de Suisse, dans la vallée du Pô, arrêterait court l'armée victorieuse en Italie et en Provence. Il conclut de là qu'il ne fallait pas envoyer à l'armée d'Italie, au-delà de ce qui était nécessaire pour la porter à quarante mille hommes, et qu'il fallait réunir toutes les forces de la république, à partir de la frontière prédominante : en effet, cent quarante mille hommes furent réunis depuis la Suisse jusqu'à Mayence, et une deuxième armée, celle de réserve fut réunie entre la Saône et le Jura, en deuxième ligne. L'intention du premier Consul était de se rendre, au mois de mai, en Allemagne avec ces deux armées réunies, et de porter d'un trait la guerre sur l'Inn ; mais les événemens arrivés à Gênes, au commencement d'avril, le décidèrent à faire commencer les hostilités sur le Rhin, lorsque l'armée de réserve se réunissait à peine. Le succès sur cette frontière n'était pas douteux ; tous les efforts de l'Autriche avaient été dirigés sur l'Italie. Le maréchal Kray avait une armée très-inférieure en nombre, et surtout en qualité, à l'armée française, puisqu'il avait beaucoup de troupes de l'Empire.

« Le plan de campagne, que le premier Consul dicta au ministre de la guerre, et que celui-ci envoya à Moreau, fut le suivant : réunir les quatre corps d'armée, par des mouvemens masqués sur la rive gauche du Rhin, entre Schaffouse et Stein ; jeter quatre ponts sur le Rhin, et passer à-la-fois, dans le même jour, sur la rive droite, de manière à se mettre en bataille, la gauche au Rhin, et la droite au Danube ; acculer le général Kray dans les défilés de la Forêt-Noire, et dans la vallée du Rhin ; saisir tous ses magasins, empêcher ses divisions de se rallier ; arriver avant lui sur l'Ulm, lui couper la retraite de l'Inn, et ne laisser à ses débris, pour tout refuge, que la Bohême. Ce mouvement eût, en quinze jours, décidé de la campagne. Il ne pouvait y avoir aucune circonstance plus favorable ; car il ne fut jamais un meilleur rideau qu'une rivière aussi large que le Rhin, pour masquer des mouvemens : le succès était infaillible ; Moreau ne le comprenait pas : il voulait que la gauche débouchât par Mayence ; ce à quoi le premier Consul ne voulut pas consentir ; mais les circonstances de la république ne lui ayant pas permis de se rendre à l'armée, il dit

alors à son ministre qu'il serait impossible d'o-
bliger un général en chef à exécuter un plan
qu'il n'entendait pas ; qu'il fallait donc lui laisser
diriger ses colonnes à sa volonté, pourvu qu'il
n'eût qu'une seule ligne d'opération, et ne ma-
nœuvrât que sur la rive droite du Danube.

« Moreau ouvrit la campagne, sa gauche commandée par Sainte-Suzanne, par le pont de Kehl.
Saint-Cyr passa le pont de Neu-Brissach ; la réserve passa à Bâle, et Lecourbe, cinq jours après,
passa à Stein. A peine Sainte - Suzanne eut-il
passé, que Moreau s'aperçut que ce corps était
compromis ; il le fit repasser à Neu - Brissach.
Cette ouverture de campagne est contraire aux
premières notions de la guerre. Il fit manœuvrer
son armée dans le cul-de-sac du Rhin, dans le
défilé des Montagnes-Noires, devant une armée
qui était en position. Moreau manœuvra, comme
si la Suisse avait été occupée par l'ennemi, ou
eût été neutre ; il ne sentit pas le parti que l'on
pouvait tirer de cette importante position, en
débouchant par le lac de Constance. Le général
Kray, ainsi prévenu, réunit ses troupes à Stoc-
kach et à Engen, avant l'armée française ; il
n'éprouva aucun mal ; il eût été perdu sans ressource, si Moreau eût pu comprendre qu'il fallait que toute son armée débouchât par où dé-

boucha Lecourbe. Le détail d'opérations si mal conduites, faisait dire souvent au premier Consul : « Que voulez-vous ; ils n'en savent pas davantage ; ils ne connaissent pas les secrets de l'art , ni les ressources de la grande tactique. »

« Nous n'avons pas besoin de réfuter l'assertion que le premier Consul voulait déboucher des montagnes de la Suisse en Italie, sans prendre l'offensive sur le Rhin ; cela est trop absurde. Bien loin de là , il ne croyait pas que la diversion par le Saint-Gothard fût possible, si , au préalable, on n'avait battu et rejeté l'armée autrichienne au-delà du Lech ; car l'opération de l'armée de réserve eût été une insigne folie, si , au moment où elle fut arrivée sur le Pô , l'armée autrichienne d'Allemagne eût pris l'offensive, et battu l'armée française. S'il eût voulu à toute force , et conduit par la passion, prendre d'abord l'Italie , qui l'eût empêché de laisser l'armée d'Helvétie dans la situation où elle se trouvait en janvier 1800, et d'envoyer les 40,000 hommes dont il la renforçait à Gênes, ce qui aurait permis à Masséna de s'avancer sur le Pô ? Napoléon savait bien que l'Italie n'était pas la conséquence d'une victoire en Allemagne; que c'était le corollaire du succès obtenu sur la frontière prédominante.

« Rewbel ayant eu occasion d'entretenir le premier Consul, en 1800, lui dit : « Vous réunissez une belle armée sur le Rhin; vous avez là toutes les troupes de la France; ne craignez-vous pas des inconvéniens, de mettre tant de troupes dans une seule main? Cette considération politique m'a toujours fait maintenir les deux armées de Rhin et Moselle et de Sambre-et-Meuse; peut-être cet inconvénient est-il moindre vis-à-vis de vous, que le soldat regarde comme le premier général. Cependant, croyez-moi; allez à cette armée vous-même; sans cela, vous en éprouverez de grands inconvéniens. Je sais que Moreau n'est pas dangereux; mais les factieux, les intrigans de ce pays, quand ils s'attachent à un homme, suppléent à tout. »

« Pendant l'armistice de Pahrsdorf, Moreau ayant fait un voyage à Paris, descendit aux Tuileries; il n'était pas attendu. Comme il était avec le premier Consul, le ministre de la guerre Carnot arriva avec une paire de pistolets de Versailles, couverts de diamans d'un très-haut prix; ils étaient destinés pour le premier Consul, qui les prit et les remit à Moreau, en disant : « *Ils viennent fort à propos.* » Cette scène n'était pas arrangée; cette générosité frappa le ministre. »

« L'impératrice Joséphine maria Moreau avec mademoiselle Hulot, créole de l'Ile-de-France. Cette demoiselle avait une mère ambitieuse; elle dominait sa fille, et bientôt domina son gendre. Elle changea son caractère; ce ne fut plus le même homme : il se mêla dans les intrigues; sa maison fut le rendez-vous de tous les malveillans. Non-seulement il s'opposa, mais il conspira contre le rétablissement du culte et du concordat en 1801. Il tourna en ridicule la Légion - d'Honneur. Plusieurs fois le premier Consul voulut ignorer ces inadvertances; mais enfin il dit : « Je m'en lave les mains; qu'il se casse le nez contre les piliers du palais des Tuileries. » Cette conduite de Moreau était contraire à son caractère. Il était Breton; détestait les Anglais; avait les chouans en horreur; une grande répugnance pour la noblesse; c'était un homme incapable d'une grande contention de tête; il était naturellement loyal et bon-vivant. La nature ne l'avait pas fait pour les premiers rôles. S'il eût fait un autre mariage, il eût été maréchal, duc; eût fait les campagnes de la grande armée; eût acquis une nouvelle gloire; et si sa destinée était de tomber sur le champ de bataille, il eût été frappé par un boulet russe, prussien ou autrichien; il ne devait pas mourir par un boulet français. » (*Montholon*, t. I , p. 37—49.)

— Moreau était le point d'attraction et de ralliement qui avait attiré la nuée de conspirateurs qui vint de Londres fondre sur Paris. Moreau ne cessa de leur dire, à leur arrivée, qu'il n'avait personne, pas même son aide-de-camp, mais que s'ils tuaient le premier Consul, il aurait tout le monde.

Moreau, livré à lui-même, était un fort bon homme qu'il eût été facile de conduire ; c'est ce qui explique ses irrégularités. Il sortait du palais tout enchanté ; il y revenait plein de fiel et d'amertume : c'est qu'il avait vu sa belle-mère et sa femme. (*Las Cases*, t. 3 , p. 424.)

« Lors du jugement, la fermeté des complices, le point d'honneur dont ils ennoblirent leur cause, la dénégation absolue, recommandée par l'avocat, sauvèrent Moreau. Interpellé si les conférences, les entrevues qu'on lui reprochait étaient vraies, il répondit *non* ; mais le vainqueur d'Hoenlinden n'était pas habitué au mensonge ; une rougeur soudaine parcourut tous les traits de sa figure : aucun des spectateurs ne fut dupe. Toutefois, il fut absous. » (*Las Cases*, t. VII , p. 324.)

— « Au mois d'octobre 1813, lorsque plusieurs corps de l'armée française descendaient de Dresde, vis-à-vis Wittemberg, et passèrent l'Elbe, un courrier du quartier-général de l'armée de Bohême, se rendant en Angleterre, fut intercepté, et tous les papiers de Moreau furent pris. Le général Rapatel, son aide-de-camp et son compatriote, renvoyait à madame Moreau des papiers ; elle était très-bourboniste : elle lui reprochait dans toutes ses lettres son éloignement pour les Bourbons, son laisser-aller, ses préjugés révolutionnaires, son défaut d'intrigues, et lui donnait des conseils sur les moyens dont il devait se faire valoir à la cour de Russie et d'Autriche. Moreau répondait à toutes : « Vous « êtes folle avec vos Bourbons.... — Au surplus, « vous connaissez mes sentimens ; quant à moi, « je ne demande pas mieux de les aider ; mais, « au fond de mon cœur, je vous assure que je « crois cet ordre de choses fini à jamais, etc. »

« La première idée de l'empereur fut de faire imprimer cette correspondance ; mais il se reprochait d'avoir laissé exister des phrases dans un bulletin relatif à la mort de ce général : il lui semblait que des mots de regret qu'il avait prononcés, en apprenant cette mort, eussent dû être recueillis de préférence ; il jugea inconvenant de troubler sa cendre, en dévoilant des sentimens secrets, écrits d'abandon à sa femme, et dans une correspondance confidentielle.

« Moreau avait rendu des services, et avait de belles pages dans l'histoire de la guerre de la révolution : ses opinions politiques avaient toujours été fort sages, et quelquefois Napoléon a laissé percer des regrets de sa fin déplorable..... *Les femmes l'ont perdu !* » (*Montholon*, t. I. p. 49, 50 et 51.

« Moreau était un excellent général de division, mais incapable de commander une grande armée. Avec cent mille hommes, Moreau aurait divisé son armée sur différentes positions, couvert des routes, et n'aurait pas fait plus que s'il n'eût eu que trente mille hommes. Il ne savait profiter, ni du nombre de ses troupes, ni de leur position. Très-calme et très-froid dans le combat, il était plus en état de commander dans la chaleur d'une action, qu'à faire des dispositions préliminaires. On le voyait souvent fumer sa pipe sur le champ de bataille. Moreau n'avait pas naturellement un mauvais cœur ; c'était un bon-vivant ; mais il avait peu de caractère : il se laissait conduire par sa femme et une autre créole, sa belle-sœur. » (*O' Méara*, t. I, p. 227.)

— « Il ne faisait autre chose à son quartier-général, que de s'étendre sur un sopha, ou se promener dehors, la pipe à la bouche: il lisait peu. Ce fut moi qui engageai Moreau à se marier, sur la prière de Joséphine, qui aimait sa femme, parce qu'elle était créole. La conduite de Moreau envers Pichegru lui a fait perdre beaucoup dans l'estime publique. » (*O' Méara*, t. II, p. 28.)

— « Sa retraite, au lieu d'être une preuve de talens, est la plus grande faute que Moreau ait jamais pu commettre. Si, au lieu de se retirer, il eût tourné l'ennemi, et marché sur les derrières du prince Charles, je pense qu'il aurait écrasé ou pris l'armée autrichienne. Le Directoire me portait envie; il avait besoin de tout faire pour diminuer la gloire militaire que j'avais acquise : ne pouvant accréditer Moreau pour une victoire, il le vanta pour sa retraite, et le fit louer dans les termes les plus pompeux, quoique les généraux autrichiens eux-mêmes blâmassent la retraite de Moreau. Au lieu d'éloges, Moreau méritait la plus sévère censure et la plus complète disgrace. Comme général, Pichegru avait beaucoup plus de talens que Moreau.

« Moreau se moquait de l'institution de la Légion-d'Honneur. Quelqu'un lui disait qu'on avait dessein de donner la croix non-seulement à ceux qui se seraient distingués par la gloire des armes, mais encore à ceux qui se seraient fait remarquer par leur mérite et par leur savoir, il s'écria : « Eh bien ! je vais demander la croix de commandeur de l'ordre pour mon cuisinier ; car il a un mérite supérieur dans l'art de la cuisine. » (*O' Méara*, t. II, p. 32 et 33.)

— « Moreau était peu de chose dans la première ligne des généraux : la nature en lui n'avait pas fini sa création ; il avait plus d'instinct que de génie. » (*Las Cases*, t. II, p. 19.)

MOULIN. Entré de bonne heure au service, il parvint, dès les premières années de la révolution, au grade de général de brigade. Commandant de l'armée des Alpes. Commandant de Paris, en 1798 et 1799. Membre du Directoire après le 30 prairial. Il proposa l'arrestation du général Bonaparte, au 18 brumaire, et voulait le faire fusiller. Arrêté lui-même, il parvint à s'échapper. Quelque temps après il reprit du service, et obtint le commandement de la place d'Anvers, où il mourut en 1810.

— « Moulin, général de division, n'avait pas fait la guerre, il sortait des Gardes-Françaises, et avait reçu son avancement dans l'armée de l'intérieur. C'était un honnête homme, patriote chaud et droit. » (*Gourgaud*, t. I, p. 58.)

MOURAT-BEY.

« Après la retraite de Syrie, Mourat-Bey, le plus brave, le plus capable des Mameloucks, sortit de la Haute-Égypte où il s'était réfugié, et gagna, par des chemins détournés, le camp des Turcs. Au débarquement de ceux-ci, les détachemens français s'étaient repliés pour se concentrer : fier de cette apparence de crainte, le pacha qui commandait, dit avec emphase, en apercevant Mourat-Bey : « Eh bien ! ces Français tant redoutés, dont tu n'as pu soutenir la présence, je me montre, et les voilà qui fuyent devant moi ! » Mourat-Bey, vivement blessé, lui répondit avec une espèce de fureur : « Pacha, rends grace au prophète qu'il convienne à ces Français de se retirer ; car, s'ils retournaient, tu disparaîtrais devant eux comme la poussière devant l'Aquilon. » Il prophétisait. A quelques jours de là, les Français vinrent fondre sur cette armée : elle disparut.

« Mourat-Bey, qui eut des entrevues avec plusieurs de nos généraux, ne revenait pas de la petitesse de leur taille, et de l'état chétif de leur personne, etc. » (*Las Cases*, t. I, p. 276 et 277.)

MURAT (Joachim), né à la Bastide, près Cahors, le 25 mars 1771. Fit ses études à Toulouse. S'enrôla dans les chasseurs des Ardennes, et admis ensuite dans la garde constitutionnelle de Louis XVI. Sous-lieutenant dans le 11ᵉ de chasseurs à cheval. Lieutenant, capitaine et chef d'escadron en 1792. Destitué en 1793. Aide-de-camp du général Bonaparte, à la première campagne d'Italie. Général de brigade à la même armée. Général de division en Égypte. Commandant de la garde consulaire après le 18 brumaire : c'est alors qu'il épousa Caroline Bonaparte, sœur de Napoléon. Commandant la cavalerie de la grande armée dans la campagne de Marengo. Gouverneur de la république cisalpine en 1802. Gouverneur de Paris et général en chef en 1804. Maréchal d'Empire. Prince et grand-amiral. Commandant la cavalerie de la grande armée dans la campagne d'Austerlitz. Grand-duc de Berg. Roi des Deux-Siciles en 1808. Commandant-général de la cavalerie française en Russie. Retourné à Naples en 1813, il traita bientôt après avec l'Autriche, et se joignit aux ennemis de la France, en 1814. Détrôné le 19 mai 1815. Retiré en France durant les *cent jours*, et proscrit après, il alla en Corse, organisa une expédition. Parti d'Ajaccio le 28 septembre 1815, il arriva le 8 octobre au village de Pizzo, dans les Calabres, où il fut pris le même jour, et fusillé cinq jours après.

— « Après l'armistice de Cherasque, le général Murat, premier aide-de-camp du général en chef de l'armée d'Italie, fut expédié pour Paris, avec vingt-un drapeaux, et la copie de l'armistice. » Napoléon avait pris cet officier au 13 vendémiaire ; il était alors chef d'escadron du 21e de chasseurs. Il a été depuis marié à la sœur de l'empereur, est devenu maréchal d'Empire, grand-amiral, grand-duc de Berg et roi de Naples. Il a eu une grande part à toutes les opérations militaires du temps ; il a toujours déployé un grand courage, et surtout une singulière hardiesse dans les mouvemens de la cavalerie. (*Las Cases*, t. II, p. 253 et 254.)

« Il n'y avait pas deux officiers dans le monde pareils à Murat, pour la cavalerie, et à Drouot, pour l'artillerie. Murat avait un caractère très-singulier. Il y a environ vingt-quatre ans qu'il était capitaine, lorsque je le pris pour mon aide-de-camp ; je l'ai fait tout ce qu'il a été depuis. Il m'aimait ; je peux même dire qu'il m'adorait. Il était en ma présence comme frappé de respect, et prêt à tomber à mes pieds. J'ai eu tort de l'éloigner de ma personne ; car, sans moi, il n'était rien, et à mes côtés, il était mon bras droit. Si j'ordonnais à Murat d'attaquer et de culbuter quatre à cinq mille hommes dans une direction donnée, c'était l'affaire d'un moment ; mais si je l'abandonnais à lui-même, c'était un imbécille sans jugement. Je ne puis concevoir comment un homme si brave, pouvait être si

lâche. Il n'était brave que devant l'ennemi, et
là, c'était peut-être l'homme le plus vaillant du
monde. Son courage impétueux le portait au
milieu du danger; couvert de plumes qui s'éle-
vaient sur sa tête comme un clocher, et tout
d'or. C'était un miracle qu'il échappât, tant il
était facile à reconnaître à son costume. Toujours
en butte au feu de tous les ennemis, les Cosa-
ques eux-mêmes l'admiraient à cause de son
étonnante bravoure. Chaque jour il était engagé
dans un combat particulier avec quelques-uns
d'entre eux, et ne revenait jamais sans avoir
teint son sabre de leur sang. En campagne, c'é-
tait un véritable paladin; enfin, un Don Qui-
chotte; mais, si on le prenait dans le cabinet,
c'était un poltron sans jugement ni décision.
Murat et Ney étaient les deux hommes les plus
braves que j'aie jamais connus. Le caractère de
Murat était cependant plus noble, car il était
généreux et franc. Chose étrange ! Murat, malgré l'amitié qu'il me portait, m'a fait plus de mal
que qui que ce soit au monde. Quand je quittai
l'île d'Elbe, je lui envoyai un courrier pour
l'informer de mon départ; il prétendit qu'il devait attaquer les Autrichiens. Le courrier se jeta
à ses genoux pour l'en empêcher; il me croyait
déjà maître de la France, de la Belgique et de la

Hollande, et il devait, disait-il, faire sa paix avec moi, et ne pas adopter de demi - mesures! Il chargea les Autrichiens comme un fou, avec sa canaille, et ruina mes affaires, car, dans le même temps, je faisais avec l'Autriche une négociation, d'après laquelle je stipulais qu'elle resterait neutre. Ce traité était sur le point d'être conclu, et alors j'aurais régné paisiblement. Mais aussitôt que Murat attaqua les Autrichiens, l'empereur François crut sur-le-champ qu'il n'agissait que d'après mes instructions. Et, en effet, il sera difficile de faire croire le contraire à la postérité. Metternich dit : Oh! l'empereur est toujours le même, c'est un homme de fer. Le séjour qu'il a fait à l'île d'Elbe ne l'a pas changé. Rien n'est capable de le guérir : tout ou rien, voilà sa devise! L'Autriche se joignit à la coalition, et ma perte fut consommée.

« Murat ignorait que ma conduite fût réglée d'après les circonstances, et leur fût adaptée. Il était comme un homme qui regarde le changement de décorations à l'Opéra, sans jamais penser à la machine qui les met en mouvement. Il n'a pas cru me faire un grand tort en se séparant de moi la première fois, car il ne se serait pas joint aux alliés. Il calcula que je serais obligé de céder l'Italie et quelques autres pays ; mais il

n'a jamais envisagé ma ruine entière. » (*O'*
Méara, t. II, p. 76, 77 et 78)

« On ne le plaindra pas (Murat) : c'était un
traître. Il ne m'a jamais dit qu'il fût déterminé à
défendre son trône, et jamais je ne lui ai mani-
festé l'intention de réunir les royaumes d'Italie
et de Naples, ni de lui ôter sa couronne, et de
le faire connétable de l'Empire : certainement,
je me suis servi de lui comme d'un instrument,
pour exécuter de grands projets sur l'Italie, et
mon intention était de déposséder Murat du
trône de Naples : mais le temps n'était pas venu,
et d'ailleurs, je lui aurais donné une indemnité
convenable. Sa lettre à Macirone est d'un ridicule achevé, et son entreprise est celle d'un fou.
Quel motif avait-il de se plaindre de l'empereur
d'Autriche, qui s'était conduit généreusement,
et qui lui avait offert un asile partout où il lui
plairait dans ses États, et qui ne lui imposait
d'autre condition, que celle de ne pas les quitter sans sa permission? Ce qui était très-essen-
tiel. Dans l'état où en étaient les choses, que
pouvait-il exiger de plus? Moi-même je n'aurais jamais demandé davantage à l'Angleterre.
C'était un acte de générosité de la part de
l'empereur d'Autriche : il lui rendait le bien
pour le mal; car Murat avait fait tous ses efforts

pour lui enlever l'Italie. » (*O' Meara,* t. II, p. 83.)

— « Il était dans la destinée de Murat de nous faire du mal. Il nous avait perdus en nous abandonnant, et nous perdit en prenant trop chaudement notre parti. »

— Murat avait outrageusement trahi Napoléon, il l'avait perdu deux fois, et cependant c'est à Toulon que Murat accourut chercher un asile. « Je l'eusse amené à Waterloo, disait Napoléon, mais l'armée française était tellement patriotique, si morale, qu'il est douteux qu'elle eût voulu supporter le dégoût et l'horreur qu'avait inspiré celui qu'elle disait avoir trahi, perdu la France. Je ne me crus pas assez puissant pour l'y maintenir, et pourtant il nous eût valu peut-être la victoire ; car, que nous fallut-il dans certains momens de la journée ? Enfoncer trois ou quatre carrés anglais : or, Murat était admirable pour une pareille besogne ; il était précisément l'homme de la chose : jamais, à la tête d'une cavalerie, on ne vit quelqu'un de plus déterminé, de plus brave, d'aussi brillant. »

— « En fusillant Murat, les Calabrais ont été plus humains, plus généreux que ceux qui m'ont envoyé ici! » (*Las Cases*, t. II, p. 253 et 254.)

— « Il était impossible à Murat et à Ney de n'être pas braves; mais on n'avait pas moins de tête qu'eux; le premier surtout. » (*Las Cases*, t. II, p. 17.)

N.

NARBONNE (le comte Louis de), né le 24 septembre 1756. Chevalier d'honneur des princesses de France. Colonel du régiment de Piémont, infanterie. Colonel de la garde nationale de Besançon, en 1789. Maréchal-de-camp et ministre de la guerre en 1791. Destitué par le Roi quelques mois après. Employé à l'armée du centre; décrété d'accusation après le 10 août 1792. Proscrit jusqu'au 18 brumaire. Rentré au service avec le grade de général de division, M. de Narbonne fit la campagne de 1809. Ministre plénipotentiaire en Bavière, en 1810. Aide-de-camp de Napoléon. Envoyé auprès de l'empereur Alexandre en 1812. Envoyé à Berlin. Ambassadeur à Vienne en 1813. Plénipotentiaire au congrès de Prague. Commandant de Torgau. M. de Narbonne est mort, le 17 novembre 1813, des suites d'une chute de cheval.

« De tous les ambassadeurs que j'aie jamais employés, Narbonne était celui qui avait le plus de mérite à mes yeux. Il joignait à beaucoup d'esprit naturel, de la droiture et de l'équité dans le caractère. Pendant tout le temps qu'il fut à Vienne, la France ne fut jamais dupe de Metternich, comme elle l'avait été par le passé; il pénétra, dans l'espace de quelques jours, les projets du ministre. » (*O' Méara*, t. II, p. 127.)

— M. de Narbonne était le seul qui eût bien mérité le titre d'ambassadeur, et rempli vraiment cette fonction ; et cela par l'avantage personnel, non - seulement de son esprit, mais bien plus encore par celui de ses mœurs d'autrefois, de ses manières, de son nom.

— Napoléon aimait beaucoup M. de Narbonne ; il s'y était fort attaché, et le regretta vivement. Il ne l'avait fait son aide-de-camp, que parce que Marie - Louise, par une intrigue de son entourage, l'avait refusé pour chevalier d'honneur ; poste qui était tout-à-fait son lot.

« Jusqu'à son ambassade, disait Napoléon, nous avions été dupes de l'Autriche. En moins de quinze jours, M. de Narbonne eut tout pénétré, et M. de Metternich se trouva fort gêné de cette nomination. Toutefois, les succès même de M. de Narbonne m'ont perdu, peut-être ; ses talens m'ont été du moins bien plus nuisibles qu'utiles : l'Autriche se croyant devinée, jeta le masque et précipita ses mesures. Avec moins de pénétration de notre part, elle eût mis plus de réserve, plus de lenteur ; elle eût prolongé quelque temps encore ses indécisions naturelles ; et, durant ce temps, d'autres chances pouvaient s'élever. » (*Las Cases*, t. III, p. 93, 94 et 95.)

NECKER (Jacques), né à Genève, le 30 septembre 1732. Associé pendant 20 ans à la maison du banquier Thélusson de Paris. Résident de la république de Genève à Paris. Membre de la Compagnie des Indes. Littérateur élégant. Associé en 1776, à M. Taboureau, en qualité de directeur-général du trésor royal. Chargé du département des finances en 1777. Démissionnaire en 1781. Exilé en 1787. Rappelé au ministère en 1788. Démissionnaire le 23 juin 1789. Rappelé le lendemain. Destitué et exilé à Bruxelles, le 11 juillet. Rappelé après le 14 juillet. Le 4 septembre 1790, M. Necker donna encore sa démission, et partit pour Genève où il est mort le 9 avril 1804.

« M. Necker avait déjà vivement déplu lors de la campagne de Marengo. A mon passage, j'avais voulu le voir, disait l'empereur, et n'avais trouvé qu'un lourd régent de collége, bien boursoufflé. Peu de temps après, et dans l'espoir sans doute de reparaître avec mon secours sur la scène du monde, il publia une brochure dans laquelle il prouvait que la France ne pouvait plus être république ni monarchie. Il appelait, dans cet ouvrage, le premier Consul, *l'homme nécessaire*, etc. Lebrun lui répondit par une lettre en quatre pages, dans un beau style, et d'une façon très-mordante : il lui demandait s'il n'avait pas fait assez de mal à la France, et s'il ne se lassait pas, après son épreuve de la constituante, de prétendre à la régenter de nouveau. » (*Las Cases*, t. V, p. 315 et 316.)

NEY (Michel), né à Sarre-Louis, le 10 janvier 1769. Il entra fort jeune au service, comme simple hussard dans le régiment de colonel-général. Après avoir passé par tous les grades inférieurs, il était devenu capitaine en 1794. Kléber le fit nommer adjudant-général chef d'escadron. Général de brigade sur le champ de bataille, en 1796. Général de division en l'an 4. Envoyé extraordinaire, et ministre plénipotentiaire auprès de la république helvétique, en 1802. Commandant de l'armée de Compiègne en 1803. Maréchal d'Empire le 19 mai 1804. Duc d'Elchingen. Commandant le 3e corps d'armée à la campagne de Russie. Commandant l'arrière-garde lors de la retraite. Prince de la Moskwa. Commandant en chef de la cavalerie de France à la restauration de 1814. Gouverneur de la 6e division militaire. Pair de France. Commandant du corps d'armée destiné à s'opposer au retour de Napoléon. Entraîné près de Napoléon quelques jours après. Commandant l'aile gauche de l'armée du Nord dans les *cent jours*. Compris dans l'ordonnance du 24 juillet 1815, le maréchal Ney fut arrêté en Auvergne, conduit à Paris, il devait y être jugé par un conseil de guerre, qui se déclara incompétent. Renvoyé alors devant la Chambre des Pairs. L'acte d'accusation fut dressé par le procureur-général Bellart; le général Ney fut condamné à mort le 6 décembre 1815, et fusillé le lendemain à neuf heures du matin, près la porte sud du jardin du Luxembourg.

« Il était impossible à Murat et à Ney de n'être pas braves ; mais on n'avait pas moins de tête

qu'eux ; le premier surtout. » (*Las Cases*, t. II,
p. 17.)

— Au retour de la campagne de Russie, Napoléon se montrait si frappé de la force d'ame
qu'il disait avoir été déployée par Ney, qu'il le
nomma prince de la Moskwa, et qu'il répéta
alors à plusieurs reprises : « J'ai deux cents millions dans mes caves ; je les donnerais pour
Ney. » (*Las Cases*, t. VII, p. 307.)

« Ney ne s'est jamais permis un langage hau-
tain en ma présence ; au contraire, il était toujours très-soumis, quoiqu'il se livrât, en mon
absence, à des excès de violence, comme un
homme sans éducation. S'il se fût permis un
langage inconvenant à Fontainebleau, les troupes l'eussent déchiré en pièces.

« Quant à la proclamation que Ney a prétendu avoir reçue de moi (en 1815), c'est une
fausseté. J'aurais supprimé cette proclamation,
si cela eût été en mon pouvoir ; car elle était in-
digne de moi. Ney manquait d'éducation ; il
n'aurait pas dû la publier, ou, du moins, il aurait dû agir différemment qu'il n'a fait ; car,
quand il promit au Roi de m'amener dans une
cage de fer, il parlait dans la sincérité de son
cœur, et ses intentions étaient conformes à ses
discours ; il y persista pendant deux jours, après

quoi il se joignit à moi. Il aurait dû faire comme Oudinot, qui demanda à ses troupes s'il pouvait compter sur leur fidélité : elles lui répondirent unanimement : « Non ; nous ne voulons pas nous battre contre Napoléon. » (*O' Méara*, t. I, p. 424.)

« A Waterloo, Ney était tout hors de lui ; on pouvait lire sur son front, pêle-mêle, les remords de Fontainebleau et ceux de Lons-le-Saunier. » (*Las Cases*, t. II, p. 15.)

— « La défense politique de Ney semblait toute tracée : il avait été entraîné par un mouvement général, qui lui avait paru la volonté et le bien de la patrie ; il y avait obéi sans préméditation, sans trahison. Des revers avaient suivi ; il se trouvait traduit devant un tribunal ; il ne lui restait plus rien à répondre sur ce grand événement. Quant à la défense de sa vie, il n'avait rien à répondre encore, si ce n'est qu'il était à l'abri derrière une capitulation sacrée, qui garantissait à chacun le silence et l'oubli sur tous les actes, sur toutes les opinions politiques. Si, dans ce système, il succombait, ce serait du moins à la face des peuples, en violation des lois les plus saintes, laissant le souvenir d'un grand caractère, emportant l'intérêt des ames généreuses, et couvrant ses bourreaux de réprobation et d'infamie. Mais ce zèle était, peut-être, au-dessus de ses forces morales. Ney fut le plus brave des hommes : là se bornaient toutes ses facultés.

« Il est certain que Ney quitta Paris tout au Roi ; qu'il n'a tourné qu'en voyant tout perdu. Si, alors, il s'est montré ardent en sens contraire, c'est qu'il sentait qu'il avait beaucoup à se faire pardonner.

« La situation de Ney était comparable à celle de Turenne. Ney pouvait être défendu ; Turenne était injustifiable, et pourtant Turenne fut pardonné, honoré, et Ney allait probablement périr. En 1649, Turenne commandait l'armée du Roi. Malgré qu'il eût prêté serment de fidélité, il corrompit son armée, se déclara pour la fronde, et marcha sur Paris. Mais dès qu'il fut reconnu coupable de *haute trahison*, son armée repentante l'abandonna ; et Turenne, poursuivi, se réfugia auprès du prince de Hesse, pour échapper à la justice.

« Ney, au contraire, fut entraîné par le vœu, par les clameurs unanimes de son armée. Si sa conduite, au 20 mars, n'est pas honorable, elle est du moins explicable, et, sous quelques rapports, excusable. » (*Las Cases*, t. II, p. 31, 32, 33 et 34.)

NOVERRAZ.

« Valet-de-chambre de Napoléon ; bon et vrai suisse, dont toute l'intelligence était dans son attachement à la personne de l'empereur. Lui ayant un jour entendu dire qu'il ne voulait plus voir l'amiral Cockburn, Noverraz se crut obligé de lui fermer la porte au nez, dans une occasion solennelle. « Ah! mon bon Noverraz, disait Napoléon dans cette circonstance, tu as donc eu une fois de l'esprit! Il n'y aurait pourtant pas à se jouer avec ce bon suisse ; si j'avais le malheur de dire qu'il faut se défaire du gouverneur, il serait homme à le tuer. » (*Las Cases*, t. III, p. 69.)

P.

PAOLI (Pascal), né à Vostino en Corse. Élève du collége militaire de Naples. Lieutenant dans le régiment que commandait son père. Commandant-général des Corses, en 1755, contre les Gênois, et contre les Français à qui ceux-ci avaient vendu la Corse en 1768. Réfugié à Londres en 1770, Paoli revint en Corse en 1789. Décrété d'accusation en 1795, et mis hors la loi. Paoli, qui avait gouverné la Corse pendant plus de quinze ans, dut se retirer de nouveau à Londres où il mourut en 1807.

Paoli mourut fort vieux à Londres ; il vit Napoléon premier consul, et empereur, et le chagrin de celui-ci est de ne pas l'avoir rappelé. « C'eût été une grande jouissance pour moi, un vrai trophée, disait-il ; mais entraîné par les grandes affaires, j'avais rarement le temps de me livrer à mes sentimens personnels. » (*Las Cases*, t. III, p. 409.)

PATRAULT (*le Père*), de l'ordre des minimes. Il résidait d'abord dans la Franche-Comté, et vint ensuite en Champagne où il fut employé comme professeur de mathématiques à l'école militaire de Brienne. Sécularisé par l'archevêque de Sens, il devint bientôt un de ses grands vicaires. Il fit, plus tard, la campagne d'Italie, en qualité d'attaché aux administrations de l'armée. Passa dans l'enregistrement à Milan, et vint mourir à Paris.

Les minimes de Champagne avaient été chargés de l'école militaire de Brienne; leur pauvreté et leur peu de ressources attirant peu de sujets parmi eux, faisaient qu'ils n'y pouvaient suffire; ils eurent recours aux minimes de Franche-Comté; le père Patrault fut un de ceux-ci. Il était professeur de mathématiques, et avait pour répétiteur le jeune Pichegru (*Voyez* PICHEGRU). Ce fut le père Patrault qui détourna Pichegru de se faire minime, en lui disant que cette profession n'était plus du siècle, et qu'il devait songer à quelque chose de mieux : il le porta à s'enrôler dans l'artillerie.

Plus tard, ce père Patrault fut sécularisé par M. de Brienne, archevêque de Sens, et cardinal de Loménie, qui en fit un de ses grands-vicaires, et lui confia la gestion de ses nombreux bénéfices.

Lors de la révolution , le père Patrault , d'une opinion politique bien opposée à son maître, n'en fit pas moins les plus grands efforts pour le sauver, et s'entremit à ce sujet avec Danton, qui était du voisinage ; mais ce fut inutilement, et l'on croit qu'il rendit au cardinal le service, à la manière des anciens , de lui procurer le poison dont il se donna la mort pour éviter l'échafaud.

Madame de Loménie, nièce du cardinal, avant de mourir par le tribunal révolutionnaire, confia au père Patrault ses deux filles encore en bas-âge. Le moment de la terreur passé, madame de Brienne, leur tante, qui avait échappé à la tempête, et conservé encore une grande fortune, les redemanda au père Patrault , qui les refusa long-temps, se fondant sur ce que leur mère lui avait recommandé d'en faire des paysannes. Il avait la coupable pensée d'exécuter à la lettre ces paroles figuratives, en les mariant à deux de ses neveux. « J'étais alors, disait Napoléon, général de l'armée de l'intérieur ; je fus l'entremetteur de la restitution de ces deux enfans, non sans peine ; Patrault y résistait par tous les moyens du temps. Ce sont celles que l'on a connues depuis sous le nom de madame *de Marnesia* et de la belle madame *de Canésy*, duchesse de Vicence. »

Le père Patrault s'étant réclamé de son ancien élève, le suivit à l'armée d'Italie, où il se montra plus propre à calculer la courbe des projectiles, qu'à en braver les effets. A Montenotte, à Millésimo, à Dego, il fit voir la poltronnerie d'un enfant. Il ne passait pas le temps du combat à prier, à la façon de Moïse, mais bien à pleurer. Le général en chef le laissa dans l'administration des domaines, à Milan, où il fit de bonnes affaires. Au retour de l'Egypte, il vint se présenter à Napoléon; ce n'était plus un petit minime de Champagne; mais un gros et gras financier, possédant plus d'un million. A deux ans de là, il vint retrouver le premier Consul à la Malmaison; il était chétif, défait et mal vêtu. « Qu'est-ce? lui dit le premier Consul. — Vous voyez un homme ruiné, qui n'a plus rien au monde. — Comment? — Oui, des malheurs inouis. » Le premier Consul voulut les vérifier par la voie de la police, et il se trouva que le père Patrault avait fait commerce de l'usure. Ce grand calculateur avait tout perdu par des banqueroutes, en prêtant à la petite semaine. « J'ai déjà payé ma dette, lui dit le premier Consul, en le renvoyant; je ne peux plus désormais rien pour vous, je ne saurais faire deux fois la fortune d'un homme. » Et il se contenta de lui faire don-

ner une petite pension nécessaire à ses besoins.
(*Las Cases*, t. I, p. 154-158.)

PAUL Ier (PETROWISTZ), fils de Pierre III et de Catherine; né le 1er octobre 1754. Son père déclara par un
ukase, qu'il ne le regardait pas comme son fils. Élève du
physicien *Æpinius*. Marié, en 1774, à une fille du land-
grave de Hesse-Darmstadt. En 1776, il épousa la princesse de Wurtemberg. Paul Ier monta sur le trône, le 17
novembre 1796, après la mort de sa mère. Étranglé le
12 mars 1801, dans son lit.

« Le ministère anglais lui avait promis Malte,
dès qu'on s'en serait emparé ; aussi s'empressa-
t-il de s'en faire nommer grand-maître. Malte
rendue, les ministres anglais nièrent la lui avoir
promise. On assure qu'à la lecture de ce honteux
mensonge, Paul se montra si indigné, qu'en
plein conseil, saisissant la dépêche, il la perça
de son épée, ordonnant qu'on la renvoyât en
cet état, pour toute réponse. « Si c'est là une
folie, disait l'empereur, il faut convenir que
c'est celle d'une belle ame ; c'est l'indignation

de la vertu, qui, jusques-là, n'a pu soupçonner une telle bassesse. J'avais deviné la trempe du caractère de Paul; aussi, lorsque les Anglais refusèrent de comprendre dans un échange, les prisonniers Russes faits en Hollande, je saisis l'occasion aux cheveux; je fis réunir ces Russes; je les habillai et les lui renvoyai pour rien. Dès-lors ce cœur généreux fut tout à moi; et comme je n'avais aucun intérêt opposé à la Russie, que je n'aurais jamais parlé que justice et procédés, nul doute que je n'eusse disposé désormais du cabinet de Saint-Pétersbourg. Nos ennemis sentirent le danger, et l'on a voulu que cette bienveillance de Paul lui ait été funeste : cela pourrait bien être ; car il est des cabinets pour qui rien n'est sacré. » (*Las Cases*, t. V, 205 et 206.)

« Napoléon disait que lui et Paul avaient été au mieux ensemble. Lors de la catastrophe de ce dernier, l'empereur complotait avec lui une expédition des Indes, et il l'eût certainement porté à l'exécuter. Paul lui écrivait très-souvent et fort au long. La première communication a été très-curieuse et originale : « Citoyen premier Consul, lui avait-il écrit de sa main, je ne discute point le mérite des droits de l'homme ; mais quand une nation met à sa tête un homme d'un grand mérite et digne d'estime, elle a un gouvernement, et la France en a désormais un à mes yeux, etc. » (*Las Cases*, t. V, p. 217.)

PHELIPEAUX. Français et ancien officier d'artillerie. Il émigra en 1789. Passa en Angleterre où il fut attaché à la marine. Il était employé auprès de Sidney-Smith, lorsque cet Anglais fut fait prisonnier devant Boulogne, en 1798, et conduit au Temple. Phelipeaux le servit comme son domestique, afin d'échapper à la mort qui le menaçait en qualité d'émigré, pris les armes à la main. Évadé du Temple, il suivit Sidney-Smith dans la Méditerranée, et était avec lui à Saint-Jean-d'Acre, lorsque les Français en firent le siége. Phelipeaux est mort dans cette ville en 1800.

Phelipeaux, aux talens duquel les Anglais et les Turcs durent le salut de Saint-Jean-d'Acre, avait été camarade de Napoléon, à l'école militaire de Paris; ils y avaient été examinés ensemble, avant d'être envoyés à leurs corps respectifs. (*Las Cases*, t. I, p. 273.)

PICHEGRU (Charles), né à Arbois en 1761. Fit ses premières études au collége d'Arbois, et sa philosophie chez les Minimes. Professeur de mathématiques à l'École militaire de Brienne. S'enrôla dans un régiment d'artillerie, où il devint bientôt sergent. Adjudant-sous-officier en 1789. Commandant d'un bataillon de volontaires. Employé dans les états-majors en 1792. Général de brigade. Général de division, et général en chef de l'armée du Rhin en 1793. Général en chef de l'armée du Nord en 1794. Général en chef des armées du Nord et de Sambre-et-Meuse en 1795. C'est à cette époque que Pichegru entretint des relations criminelles avec les ennemis de la république. Cette même année, il laissa battre ses troupes dans l'espoir d'avancer les affaires de ceux-ci, à qui il s'était vendu. Rappelé par le Directoire. Député au Conseil des Cinq - Cents, et président de ce corps, Pichegru fut arrêté par la garde même du Corps-Législatif, le 4 septembre 1797. Condamné le lendemain à être déporté à la Guyane, et conduit dans les déserts de Sinnamari. Au bout de quelques mois, il s'évada à Surinam, et revint en Angleterre, et de là en Allemagne. En 1804, il vint secrètement à Paris, où il conspira avec Georges et Moreau ; il fut livré, emprisonné, et le 4 avril 1804, il s'étrangla avec sa cravatte.

« Pichegru était de la Franche-Comté, et d'une famille de cultivateurs.

— « Les minimes de Champagne avaient été chargés de l'école militaire de Brienne ; leur pauvreté et leur peu de ressources attirant peu de sujets parmi eux , faisaient qu'ils n'y pouvaient suffire ; ils eurent recours aux minimes de Franche-Comté ; le père Patrault fut un de ceux-ci. Une tante de Pichegru, sœur de charité, le suivit pour avoir soin de l'infirmerie, amenant avec elle son neveu , jeune enfant auquel on donna gratuitement l'éducation des élèves. Pichegru , doué d'une grande intelligence , devint, aussitôt que son âge le permit, maître de quartier, et répétiteur du père Patrault, qui lui avait enseigné les mathématiques. Il songeait à se faire minime : c'était là toute son ambition et les idées de sa tante ; mais le père Patrault l'en dissuada , en leur disant que la profession n'était plus du siècle , et que Pichegru devait songer à quelque chose de mieux : il le porta à s'enrôler dans l'artillerie , où la révolution le prit sous-officier. On connaît sa fortune militaire ; c'est le conquérant de la Hollande. Ainsi, le père Patrault a la gloire de compter parmi ses élèves, les deux plus grands généraux de la France moderne.

— Quand Pichegru se fut livré au parti royaliste, consulté pour savoir si l'on ne pourrait pas aller jusqu'au général en chef de l'armée d'Italie : « N'y perdez pas votre temps, dit-il ; je l'ai connu dans son enfance ; ce doit être un caractère inflexible. Il a pris un parti ; il n'en changera pas. » (*Las Cases*, t. I, p. 155, 156, 157 et 158.)

— « Pichegru était répétiteur à Brienne, et m'apprit les mathématiques , lorsque je n'avais que dix ans. Je possédais cette science au plus haut degré. Comme général, Pichegru était un homme d'un talent peu ordinaire, infiniment supérieur à Moreau, bien qu'il n'eût fait rien de véritablement remarquable ; le succès des campagnes de Hollande étant, en grande partie, la conséquence de la bataille de Fleurus. » (*O' Méara*, t. I, p. 230.)

— « Pichegru, disait Napoléon, auquel on parle d'élever une statue, fut pourtant coupable des plus grands crimes que l'on connaisse ; « un général qui s'est fait battre exprès, qui a fait tuer ses soldats, de connivence avec l'ennemi !...... »

— « En 1803, à l'époque de la fameuse conspiration, Pichegru fut victime de la plus infame trahison : c'est vraiment la dégradation de l'humanité ; il fut vendu par son ami intime, qui vint offrir de le livrer pour cent mille écus. La nuit venue, l'infidèle ami conduisit les agens de la police à la porte de Pichegru , leur détailla les formes de sa chambre, ses moyens de défense. Pichegru avait des pistolets sur sa table de nuit ; la lumière était allumée ; il dormait. On ouvrit doucement la porte, avec de fausses clefs que l'ami avait fait faire exprès. On renversa la table de nuit ; la lumière s'éteignit, et l'on se colleta avec Pichegru, réveillé en sursaut. Il était très-fort ; il fallut le lier et le transporter nu ; il rugissait comme un taureau » (*Las Cases*, t. III, p. 416, 421 et 422.)

— « Quant à l'inculpation relative à la mort de Pichegru, qu'on assurait avoir été étranglé par les ordres du premier Consul, Napoléon disait qu'il serait honteux de chercher à s'en défendre, que c'était par trop absurde. « Que pouvais-je y gagner ? faisait - il observer. Un homme de mon caractère n'agit pas sans de grands motifs. M'a - t - on jamais vu verser le sang par caprice ?..... Ceux qui me connaissent, savent que mon organisation est étrangère au crime..... Tout bonnement, Pichegru se vit dans une situation sans ressource ; son ame forte ne put envisager l'infamie du supplice ; il désespéra de ma clémence, ou la dédaigna, et il se donna la mort. » (*Las Cases*, t. VII, p. 318 et 319.)

PIE VII (Grégoire-Barnabé), de la famille des comtes de Chiaramonti, né à Césene, le 14 août 1742. A 16 ans, il entra dans l'ordre des Bénédictins. Abbé. Évêque de Tivoli, et en 1785, cardinal et évêque d'Imola. Citoyen d'Imola, après la paix de Tolentino. Souverain Pontife, le 14 mars 1800 ; il adopta alors le nom de Pie VII. En 1804, il rétablit les Jésuites dans la Sicile. La même année, il se rendit à Paris pour sacrer Napoléon. Arrêté à Rome le 5 juillet 1809, il habita Nice et Savone. En 1812, il fut transporté à Paris. Libre à l'époque de la restauration, Pie VII retourna à Rome le 24 mai 1814. Il y est mort en 1823.

— « Quelque temps avant mon couronnement, le Pape voulut me voir, et tint à se rendre lui-même chez moi. Il avait fait bien des concessions. Il était venu à Paris me couronner ; il consentait à ne pas me poser la couronne ; il me dispensait de communier en public avant la cérémonie, il avait donc, selon lui, bien des récompenses à attendre en retour ; aussi avait-il rêvé la Romagne, les légations, et il commençait à soupçonner qu'il faudrait renoncer à tout cela. Il se rabattit alors sur une bien petite grace, seulement à voir signer un titre ancien, un chiffon bien usé, qu'il tenait de Louis XIV. — Faites-moi ce plaisir, disait-il ; au fond, cela ne signifie rien. — Volontiers, très-cher père, et

la chose est faite, si elle est faisable. — Or, c'é-
tait une déclaration dans laquelle Louis XIV,
sur la fin de ses jours, séduit par madame de
Maintenon, ou gagné par ses confesseurs, dés-
approuvait les fameux articles de 1682, bases
des libertés de l'église gallicane. L'empereur répondit malignement qu'il n'avait pour son
compte aucune objection personnelle; mais qu'il
fallait, toutefois, pour la règle, qu'il en parlât à
ses évêques; sur quoi le Pape se tuait de répéter
que cela n'était nullement nécessaire, que cela
ne méritait pas tant de bruit. « Je ne montrerai
jamais cette signature, disait-il, pas plus qu'on
n'a montré celle de Louis XIV. — Mais si cela
ne signifie rien, disait Napoléon, à quoi bon ma
signature? et si cela peut signifier quelque chose,
il faut bien décemment que je consulte mes doc-
teurs. »

Toutefois, pour ne pas refuser sans cesse,
l'empereur voulut paraître n'en être pas éloigné.
Alors l'évêque de Nantes et les vrais évêques
français accoururent aussitôt. « Ils étaient fu-
rieux, et me gardaient, comme ils eussent gardé
Louis XIV au lit de mort, pour l'empêcher de se
faire protestant. Les sulpiciens furent appelés;
c'étaient des *Jésuites au petit pied* : ceux-là cherchaient quelle était ma pensée; ils ne deman-

daient qu'à faire ce que j'aurais voulu. » (*Las Cases* , t. V, p. 331, 332 et 333.)

« Dans sa charité chrétienne, car c'est véritablement un bon, doux et brave homme; il n'a jamais désespéré de me tenir pénitent à son tribunal ; il en a laissé souvent échapper l'espoir et la pensée. Nous en causions quelquefois gaiement et de bonne amitié. « Vous y viendrez tôt ou tard, me disait-il, avec une innocente douceur, je vous y tiendrai, ou d'autres, si ce n'est pas moi, et vous verrez alors quel contentement, quelle satisfaction pour vous-même, etc. » En attendant, mon influence sur lui était telle, que je lui arrachai, par la seule force de ma conversation privée, ce fameux concordat de Fontainebleau, dans lequel il a renoncé à la souveraineté temporelle, acte pour lequel il a fait voir depuis qu'il redoutait le jugement de la postérité, ou plutôt la réprobation de ses successeurs. Il n'eut pas plutôt signé, qu'il s'en repentit. Il devait, le lendemain, dîner en public avec moi; mais dans la nuit, il fut ou feignit d'être malade. C'est qu'immédiatement après que je l'eus quitté, il retomba dans les mains de ses conseillers habituels, qui lui firent un épouvantail de ce qu'il venait d'arrêter. Si nous eussions été laissés seuls, j'en eusse fait ce que j'eusse voulu ; j'aurais gouverné alors le monde religieux, avec la même facilité que je gouvernais le monde politique. C'était vraiment un agneau, tout-à-fait un bon homme, un véritable homme de bien que j'estime, que j'aime beaucoup, et qui, de son côté, me le rend un peu, j'en suis sûr. Vous ne le verrez pas trop se plaindre de moi, ni porter surtout aucune accusation directe et personnelle, non plus que les autres souverains. Peut-être des déclamations vagues et banales d'ambition et de mauvaise foi ; mais rien de positif et de direct ; parce que les hommes d'Etat savent bien que, l'heure des libelles passée, on ne saurait se permettre d'accusation publique, sans des preuves à l'appui, et ils n'auraient rien à produire en ce genre : telle sera l'histoire. Il n'y aura de contraire, au plus, que quelques mauvais chroniqueurs assez bornés pour avoir pris des radotages de coterie, ou des intrigues pour des faits authentiques, ou bien encore les mémorialistes, qui, trompés par les erreurs du moment, seront morts avant d'avoir pu se redresser, etc., etc.

« Quand on connaîtra la vérité de mes querelles avec le Pape, on s'étonnera de tout ce qu'il fit souffrir à ma patience, car on sait que je n'étais pas endurant. Lorsqu'il me quitta

après mon couronnement, il partit avec le secret dépit de n'avoir pas obtenu de moi les récompenses qu'il croyait avoir méritées. Mais,
quelque reconnaisance que je lui eusse portée
d'ailleurs, je ne pouvais, après tout, trafiquer
des intérêts de l'Empire, pour l'acquit de mes
propres sentimens ; et puis j'étais trop fier pour
sembler avoir acheté ses complaisances. A peine
eut-il le pied sur le sol italien, que les intrigans, les brouillons, les ennemis de la France
profitèrent de ses dispositions pour s'en saisir,
et, dès cet instant, tout fut hostile de sa part :
ce n'était plus le doux, le paisible Chiaramonti,
ce digne évêque d'Imola, qui s'était proclamé de
si bonne heure digne des lumières de son siècle.
Sa signature n'était plus apposée qu'à la suite
d'actes tenant bien plus des Grégoire et des Bo-
niface, que de lui. Rome devint le foyer de tous
les complots tramés contre nous. J'essayai vainement de le ramener par la raison : il ne m'était
plus possible d'arriver à ses sentimens. Les torts
devinrent si graves, les insultes si patentes, qu'il
me fallut bien agir à mon tour. Je me saisis donc
de ses forteresses, je m'emparai de quelques provinces, je finis même par occuper Rome, tout
en lui déclarant et en observant strictement qu'il
demeurait sacré pour moi dans ses attributions

spirituelles, ce qui était loin de faire son compte.
Cependant il se présenta une crise : on crut que
la fortune m'abandonnait à Essling, et aussitôt
on fut prêt à Rome pour soulever la population
de cette grande capitale. L'officier qui y commandait ne crut pouvoir échapper au danger,
qu'en se défaisant du Pape, qu'il mit en route
pour la France. Un tel événement s'était opéré
sans ordres, et même il me contrariait fort.
J'expédiai donc sur-le-champ pour qu'on fît de-
meurer le Pape où on le rencontrerait, et on
l'établit à Savonne, où on l'entoura de soins et
d'égards ; je voulais bien me faire craindre,
mais non le maltraiter ; le soumettre, mais non
l'avilir : j'avais bien d'autres vues! Ce déplace-
ment ne fit qu'accroître le ressentiment et les
intrigues. Jusque là, la querelle n'avait été que
temporelle ; les meneurs du Pape, dans l'espoir
de relever leurs affaires, la compliquèrent de
tout le spirituel. Alors, il me fallut combattre
aussi sur ce point : j'eus mon conseil de conscience, mes conciles, et j'investis mes cours
impériales de l'appel comme d'abus ; car mes
soldats ne pouvaient plus rien à tout ceci : il me
fallait bien combattre le Pape avec ses propres
armes. A ses érudits, à ses ergoteurs, à ses lé-
gistes, à ses scribes, je devais opposer les miens.

« Il y eut une trame anglaise pour l'enlever de Savonne. Elle me servait ; je le fis transporter à Fontainebleau ; mais là devait être le terme de ses misères et la régénération de sa splendeur. Toutes mes grandes vues s'étaient accomplies sous le déguisement et le mystère ; j'avais amené les choses au point que le développement en était infaillible, sans nul effort, et tout naturel. Aussi, voit-on le Pape le consacrer dans le fameux concordat de Fontainebleau, en dépit même de mes revers de Moscow. Qu'eût-ce donc été si je fusse revenu victorieux et triomphant ! J'avais donc obtenu la séparation tant désirable du spirituel d'avec le temporel, qui est si préjudiciable à Sa Sainteté, et dont le mélange porte le trouble dans la société au nom et par les mains mêmes de celui qui doit en être le centre d'harmonie ; et, dès-lors, j'allais relever le Pape outre mesure, l'entourer de pompes et d'hommages ; je l'eusse amené à ne plus regretter son temporel, j'en aurais fait une idole ; il fût demeuré près de moi ; Paris fût devenu la capitale du monde chrétien, et j'aurais dirigé le monde religieux et le monde politique : c'était un moyen de plus de resserrer toutes les parties fédératives de l'Empire, et de contenir en paix tout ce qui demeurait en dehors. J'au-

rais eu mes sessions religieuses comme mes sessions législatives ; mes conciles eussent été la re-
présentation de la chrétienté, les papes n'en
eussent été que les présidens ; j'eusse ouvert et
clos ces assemblées, approuvé et publié leurs dé-
cisions, comme l'avaient fait Constantin et Charlemagne ; et, si cette suprématie avait échappé
aux empereurs, c'est qu'ils ont fait la faute de
laisser résider loin d'eux les chefs spirituels,
qui ont profité de la faiblesse des princes, ou
de la crise des évènemens, pour s'en affran-
chir, et les soumettre à leur tour.

« Mais, reprenait l'empereur, pour en arriver là, j'avais dû manœuvrer avec beaucoup
d'adresse, déguiser surtout ma véritable pensée,
et donner tout-à-fait le change à l'opinion, présenter à la pâture publique des petitesses vul-
gaires, afin de lui mieux dérober l'importance
et la profondeur du but secret. Aussi, était-ce
avec une espèce de satisfaction que je me voyais
accuser de barbarie envers le Pape, de tyrannie
en matière religieuse. Les étrangers surtout me
servaient à gré, en remplissant leurs mauvais
libelles de ma mesquine ambition, qui, selon
eux, avait eu besoin de dévorer le misérable
patrimoine de saint Pierre, etc., etc. Mais je
savais bien qu'au résultat on me reviendrait au-

dedans, et qu'au dehors on ne serait plus à même d'y remédier. Que n'eût-on pas fait pour le prévenir, si on l'eût deviné à temps ; car quel empire désormais sur tous les pays catholiques, et quelle influence sur ceux mêmes qui ne le sont pas, à l'aide des membres de cette religion, qui s'y trouvent répandus ! etc., etc. » (*Las Cases*, t. V, p. 334, 335, 336, 337, 338, 339, 340 et 341.)

PIONTOWSKI, officier polonais.

— Piontowsky, dont on ne connaissait pas trop l'origine, était venu à l'île d'Elbe, et avait été promu au grade de lieutenant. Lors du départ de Napoléon de Paris, il avait reçu la permission de le suivre. Il fut, à Plimouth, du nombre de ceux que les instructions anglaises séparèrent de nous. Piontowski, avec plus de constance ou d'adresse que ses camarades, avait obtenu de rejoindre Napoléon, qui, du reste, ne l'avait jamais connu, et lui parlait à Sainte-Hélène pour la première fois : il s'amusait à le questionner toutes les fois qu'il le rencontrait. (*Las Cases*, t. II, p. 299.)

PITT (William), troisième fils du fameux comte de Chatam, est né à Angers dans l'année 1759. Il manifesta de bonne heure une grande haine pour le pays où il vit le jour. Il suivit la carrière du barreau jusqu'en 1780. Député au Parlement en 1781, il siégea d'abord sur les bancs de l'opposition. Chancelier de l'échiquier en 1783. Entraîné dans la chute de l'administration, il voyagea sur le continent, et fut rappelé aux fonctions de chancelier, à la fin de la même année. Alors s'établit cette grande lutte entre Fox et lui. Après avoir employé tous les moyens de séduction et de corruption, Pitt renforça son parti, et son triomphe fut complet. Lorsque Georges III fut déclaré malade, le ministère gouverna au nom du roi. A l'époque de la révolution française, Pitt sut accroître les désordres de ce pays. Il quitta le ministère en 1801. En 1803, il fut nommé commandant des volontaires *des cinq ports*. Vota de nouveau avec l'opposition; mais en 1805, Pitt reprit les fonctions de chancelier de l'échiquier, et mourut le 23 janvier 1806.

« M. Pitt a été le maître de toute la politique européenne; il a tenu dans ses mains le sort moral des peuples; il en a mal usé. Il a incendié l'univers, et s'inscrira dans l'histoire à la manière d'Erostrate, parmi des flammes, des regrets et des larmes!..... D'abord, les premières étincelles de notre révolution, puis, toutes les résistances au vœu national, enfin, tous les crimes horribles qui en furent la conséquence,

sont son ouvrage. Cette conflagration universelle de vingt-cinq ans, ces nombreuses coali-
tions qui l'ont entretenue, le bouleversement,
la dévastation de l'Europe, les flots de sang des
peuples, qui en ont été la suite, la dette ef-
froyable de l'Angleterre, qui a payé toutes ces
choses, le système pestilentiel des emprunts,
sous lesquels les peuples demeurent courbés,
le malaise universel d'aujourd'hui, tout cela est
de sa façon. La postérité le reconnaîtra; elle le
signalera comme un vrai fléau. Cet homme, tant
vanté de son temps, ne sera plus, un jour, que
le génie du mal : non que je le tienne pour
atroce, ni même que je doute qu'il ne fût convaincu qu'il faisait le bien : la Saint-Barthé-
lemy a bien eu ses persuadés : les papes et les
cardinaux en ont chanté un *Te Deum* ; et
parmi toutes ces bonnes gens, il s'en trouvait
bien, sans doute, quelques-uns de bonne foi.
Voilà les hommes, leur raison, leurs jugemens !
Mais, ce que la postérité reprochera à M. Pitt,
ce sera la hideuse école qu'il a laissée après lui,
le machiavélisme insolent de celle-ci, son immoralité profonde, son froid égoïsme, son mépris pour le sort des hommes ou la justice des
choses. Quoi qu'il en soit, par admiration réelle,
pure reconnaissance, ou même encore simple

instinct et seule simpathie , M. Pitt a été et demeure l'homme de l'aristocratie européenne : c'est qu'en effet il y a eu en lui du Sylla ; c'est son systême qui a ménagé l'asservissement de la cause populaire, et le triomphe des patriciens. » (*Las Cases*, t. VII, p. 121, 122.)

— « Chez Fox, le cœur échauffait le génie, au lieu que, chez Pitt, le génie desséchait le cœur. » (*Las Cases*, t. VI, p. 121.)

PONIATOWSKI (JOSEPH), né en Pologne, le 7 mai 1762. Dernier rejeton d'une famille qui avait donné des rois à la Pologne. Dès sa jeunesse, il se montra le défenseur le plus sincère de la liberté de son pays. Fit la campagne de 1792, et, après la confédération de Targowitz, il quitta l'armée, suivi des meilleurs officiers. En 1794, il reparut dans les rangs de ses compatriotes comme simple volontaire; mais Kosciusko lui confia le commandement d'une division. Poniatowski refusa ensuite les faveurs de la cour de Vienne et celles de Paul Ier. Ministre de la guerre du grand duché de Varsovie. Il défendit les frontières contre les Autrichiens, et les repoussa en 1809. Commandant d'un corps de la grande armée française en Russie. Maréchal d'Empire à la bataille de Leipsick. En 1813, Poniatowski, chargé de couvrir la retraite de l'armée, fut englouti dans l'Elster, le 19 octobre, en voulant le traverser à la nage.

« Le vrai roi de Pologne, disait Napoléon, en entendant passer en revue les rois auxquels on l'avait crue destinée, le vrai roi de Pologne, c'était Poniatowski : il en réunissait tous les titres, et en avait tous les talens, » . . . . et il s'est tu. (*Las Cases*, t. VII, p. 287.)

PORTALIS (Joseph-Marie), fils du comte Jean-Étienne. Le nom et les services de son père lui valurent le rang de Conseiller-d'État et le portefeuille des cultes. Napoléon le renvoya le 5 janvier 1811. En 1813, il parvint à se faire nommer premier président de la Cour impériale d'Angers. Appelé successivement à la Cour de cassation et au Conseil-d'État depuis la restauration, c'est lui qui a été chargé, en 1818, d'aller à Rome pour y détruire le concordat signé dix-sept ans auparavant par son père.

Un parti religieux soufflait les discordes civiles; on colportait en secret, et on faisait circuler des bulles et des lettres du Pape. Elles furent montrées à un conseiller-d'État chargé du culte, qui, s'il ne les propagea pas lui-même, du moins, n'en arrêta ni n'en dénonça la circulation. Cela se découvrit, et l'empereur l'interpella subitement en plein conseil. L'accusé, confus, ne répondait rien; dès le premier moment, il était convenu du fait....... Après cette vive interpellation, l'empereur conclut en ces termes : « Les devoirs d'un conseiller-d'État envers moi sont immenses : vous les avez violés, monsieur, vous ne l'êtes plus; sortez, ne reparaissez pas ici. » En sortant, l'empereur lui dit, en jetant les yeux sur lui : « J'en suis nâvré, monsieur; car j'ai présens à la mémoire les services de votre père. — Depuis que je suis au gouvernement, ajouta-t-il, voilà le premier individu auprès de moi, qui m'ait *trahi!* » (*Las Cases*, t. I, p. 349, 350, 351 et 352.)

POZZO DI BORGO (CHARLES-ANDRÉ), né au village d'Alaia, en Corse, en 1760, d'une famille noble. Il entra dans la carrière du barreau. Il avait contracté une étroite amitié avec Joseph et Napoléon Bonaparte. Membre du directoire du département de la Corse en 1790. Député à l'Assemblée législative en 1791. Obligé de quitter la France après le 10 août 1792, il se rendit en Corse, et s'attacha au général Paoli. C'est à l'époque où il quitta Paoli, qu'éclata la haine de Pozzo di Borgo contre les Bonaparte. Procureur-général de la Corse en 1793. Président du Conseil-d'État de la Corse sous la domination anglaise. Retiré en Angleterre, il passa au service de la Russie, où il parvint aux premiers emplois diplomatiques. Attaché à l'armée russe, il fit les dernières campagnes en qualité de major-général, sous les ordres du prince-royal de Suède (Bernadotte). Commissaire de la Russie auprès du Gouvernement de France, à la restauration de 1814. Ministre de la même Cour, après les *cent jours*. Signataire du traité de 1815. Lieutenant-général en 1817.

Compatriote de Napoléon, a été membre de la Législative. C'est lui, croit-on, qui a conseillé

à l'empereur Alexandre de marcher sur Paris, bien que Napoléon se fût jeté sur ses derrières. « Et en cela, disait l'empereur, il a, par ce seul fait, décidé des destinées de la France, de celles de la civilisation européenne, de la face et du sort du monde; il était devenu très-influent sur le cabinet russe. » . . . .
. . . . : . .
. . . .
. . . .

(*Las Cases*, t. III, p. 44.)

— « C'est un homme de talent, un politique adroit qui connaît bien la France. » (*O' Méara*, t. I, p. 276.)

PRADT (l'abbé Dominique Dufour de), né à Allanches, en Auvergne, le 23 avril 1759. Vicaire-général à Rouen, à l'époque de la restauration. Député aux États-Généraux de 1789. Émigré après la session. Rentré en France lors de l'amnistie du premier Consul, il devint son premier aumônier, à cause de sa parenté avec Duroc. Évêque de Poitiers en 1804. Baron de l'Empire. Il accompagna Napoléon à Milan et à Bayonne. Archevêque de Malines en 1810. Ambassadeur à Varsovie en 1812. Chancelier de la Légion-d'Honneur au retour des Bourbons, il perdit sa place avant le retour de Napoléon de l'île d'Elbe. Depuis, M. de Pradt a employé toute son activité à publier un grand nombre d'ouvrages, dont quelques-uns annoncent de grandes connaissances, et des principes libéraux qu'il avait bien cachés jusques-là.

L'aumônier du dieu Mars. En parlant de son *Ambassade de Varsovie*, Napoléon disait: « C'est un bien méchant ouvrage contre moi ; un véritable libelle, dans lequel il m'accable de torts, d'injures, de calomnies ; mais soit que j'aie été bien disposé, soit qu'il n'y ait, comme on dit, que la vérité qui blesse, il n'a fait que me faire rire ; il m'a vraiment amusé. »

« Dans la première page, il se donne pour le seul homme qui ait arrêté Napoléon dans sa course ; dans la dernière, il laisse voir que l'empereur, à son passage, au retour de Moscow, le chassa de son ambassade , ce qui est vrai ; et c'est ce que son amour-propre cherche à défigurer ou à venger : voilà tout l'ouvrage.

« L'abbé de Pradt n'avait rempli à Varsovie aucun des buts que l'on se proposait ; il avait, au contraire, fait beaucoup de mal. Les bruits contre lui étaient accourus en foule au-devant de moi. Les auditeurs de son ambassade, les jeunes mêmes avaient été choqués de sa tenue, et furent surtout jusqu'à l'accuser d'intelligence avec l'ennemi, ce que je fus loin de croire. » (*Las Cases*, t. III, p. 115, 116, 117 et 118.)

— « De Pradt mérite qu'on lui donne le nom d'une fille de joie, qui prête son corps à tout le monde pour de l'argent. Un jour qu'il déraisonnait, comme à son ordinaire, en ma présence, et qu'il parlait de ses projets extravagans, je me contentai de fredonner une partie de ce couplet connu :

Où allez-vous, Monsieur l'abbé?
Vous allez vous casser le nez.

Ce qui le déconcerta si fort, qu'il ne put ajouter une parole de plus. » (*O' Méara*, t. I, p. 165.)

R.

RÉCAMIER (madame), épouse du fameux banquier de ce
nom.

« La bonne réputation de la belle madame Récamier a eu le rare privilége de traverser sans
injure nos temps difficiles. L'empire de ses charmes sur un prince de Prusse n'était point équi-
voque ; ce prince les élevait à un si haut prix,
que ses lettres, interceptées par la police, ne
renfermaient rien moins que des offres ou des
promesses de mariage. Soit préjugé catholique
contre le divorce, soit générosité naturelle, madame Récamier se refusa constamment à cette
élévation inattendue. Elle s'était héroïquement
dévouée à madame de Stael en s'exilant avec son
amie. » (*Las Cases*, t. VII , p. 257.)

REGNAULT DE SAINT-JEAN-D'ANGÉLY (Michel-Louis-Étienne), né à Saint-Fargeau en 1760. Élève du collége du Plessis. Destiné au barreau. Lieutenant de la prévôté de Rochefort en 1782. Chargé de la rédaction du cahier du Tiers-État de la sénéchaussée de Saint-Jean-d'Angély. Député aux États-Généraux. Arrêté après le 10 août, il s'échappa, et vécut caché jusqu'au 9 thermidor. Il s'adonna alors au commerce. Administrateur-général des hôpitaux de l'armée d'Italie. Commissaire du gouvernement à Malte, lors de l'expédition d'Égypte. Retourné en France, il prit une part active à la journée du 18 brumaire. Conseiller-d'État; puis, Secrétaire-d'État de la famille impériale, et grand procureur-général près la Haute-Cour. Comte de l'Empire. M. Regnault suivit Marie-Louise à Blois. Sans emploi à la première restauration; Napoléon, à son retour, lui rendit tous ses emplois. Représentant à la Chambre des *cent jours*. Compris dans l'ordonnance du 24 juillet, il se réfugia aux États-Unis. Forcé de quitter cet asile à cause d'une maladie grave, il revint en Belgique en 1817, où il éprouva de grandes persécutions; il obtint enfin son rappel en France, arriva à Paris le 10 mars 1819, et mourut le lendemain matin.

« Ah ! pauvre femme, s'écria Napoléon, en apprenant combien madame Regnault de Saint-Jean-d'Angély avait montré d'attachement pour lui, durant son séjour à l'île d'Elbe! Pauvre femme ! et moi qui l'avais pourtant si maltraitée ! Eh bien ! voilà qui paie du moins

pour les renégats que j'avais tant comblés!...... »
(*Las Cases*, t. VII, p. 151.)

REWBELL (JEAN), né à Colmar en 1746. Il était bâton-
nier de l'ordre des avocats au Conseil souverain d'Alsace, à l'époque de la révolution. Député aux États-Généraux de 1789. Président de l'Assemblée législative en 1791.
Procureur-général-syndic du département du Haut-Rhin
après la session. Député à la Convention en septembre
1792. En mission aux armées en 1793. Membre du Comité
de sûreté générale en 1794. Président de la Convention la
même année. Membre du Comité de salut public en 1795.
Membre du Conseil des Cinq-Cents. Premier des cinq
membres du Directoire exécutif. Député au Conseil des
Anciens en 1799. Retiré après le 18 brumaire. Rewbell
est mort en 1810.

« Rewbell était un des meilleurs avocats de
Colmar; il avait beaucoup de cet esprit qui ca-
ractérise un bon praticien; il prenait facilement
des préventions contre les individus, croyait peu
à la vertu, était d'un patriotisme assez exalté. Quoi
que l'on en ait dit, il ne s'est point enrichi au
Directoire; il était, il est vrai, environné de
fournisseurs: mais par la tournure de son esprit,

il se plaisait dans la conversation d'hommes actifs et entreprenans ; il jouissait de leurs flatteries sans leur faire payer les complaisances qu'il avait pour eux ; il avait une haine particulière contre le système germanique et la noblesse immédiate de l'Empire. Il a montré de l'énergie dans les assemblées, soit avant, soit après sa magistrature ; il aimait à faire : il avait été membre de la Constituante et de la Convention ; commissaire à Mayence pendant le siége, il ne fit pas ce qu'on devait attendre de lui ; il ne s'opposa pas à la reddition de la place qui pouvait encore se défendre ; il avait, comme les praticiens, un préjugé d'état contre les militaires, qu'il ne pouvait pas dissimuler. » (*Montholon*, t. III, p. 123.)

REYNIER (Jean-Louis-Ébenezel), né à Lausanne, le 14 janvier 1771. Il se destinait au génie civil, lorsque la révolution lui ouvrit la carrière des armes. Adjoint à l'État-Major en 1792. Adjudant-général en 1793. Général de brigade dans la campagne de Hollande. Chef d'État-Major à l'armée du Rhin, sous Moreau. Reynier partit pour l'Égypte où il resta jusqu'à la fin. Retourné en France, il fut en disgrace sous le Gouvernement consulaire. Employé de nouveau en 1805, il commanda l'armée d'Italie qui s'empara de Naples, et gouverna cette ville jusqu'en 1809. Ministre de la marine et de la guerre de ce royaume. Reprit du service dans la grande armée, et fit les campagnes de Wagram, de Russie, de Saxe et de France. Il mourut à Paris le 27 février 1815, âgé de quarante-quatre ans.

« Le général Reynier avait plus d'habitude de la guerre (que le général Menou); mais il manquait de la première qualité d'un chef : bon pour occuper le deuxième rang, il paraissait impropre au premier. Il était d'un caractère silencieux, aimant la solitude : ne sachant pas électriser, dominer, conduire les hommes. » (*Montholon*, t. I, p. 74.)

ROBERSPIERRE (Maximilien - Isidore), né à Arras en 1759. Son père, ancien avocat, passa en Amérique, et sa mère mourut jeune. L'évêque d'Arras prit soin des premières années de Roberspierre, et lui fit obtenir une bourse au collége de Louis-le-Grand. Sombre, taciturne, studieux, il fit concevoir des espérances. Avocat au Conseil d'Artois. Député aux États - Généraux de 1789. Le 30 mai 1791, il se prononça fortement en faveur de l'abolition de la peine de mort, déclarant qu'elle n'avait pu être inventée que par des tyrans. Accusateur public près le tribunal criminel de Paris. Président de la Société des Jacobins. Membre de la municipalité après le 10 août. Membre du tribunal extraordinaire composé de Danton et de Marat. Député à la Convention. Membre du comité de salut public. Président de la Convention en 1793 et en 1794. Arrêté dans la séance du 9 thermidor (27 juillet 1794), il fut mis *hors la loi* par la Convention. Il tenta de s'échapper, mais un gendarme lui fracassa la mâchoire inférieure, d'un coup de pistolet. Conduit à la Convention sur un brancard, il fut renvoyé devant le comité de salut public, et exécuté le lendemain à cinq heures du soir, entre Henriot et Couthon. Roberspierre avait alors trente-cinq ans.

« Roberspierre, bien que ce fût un monstre altéré de sang, n'était pas aussi méchant que Collot-d'Herbois, Billaud-de-Varennes, Hébert, Fouquier-Tainville, et tant d'autres. Sur la fin, Roberspierre avait voulu être plus modéré ; et quelque temps avant sa mort, il avait effectivement dit qu'il était las des exécutions, et qu'il conseillait de revenir à un autre systême. Lorsque l'exécrable Hébert accusa la Reine de *contrarier la nature*, Roberspierre proposa de le dénoncer comme ayant fait une accusation aussi calomnieuse et aussi peu fondée, et qui n'avait pour objet que de provoquer le peuple à un soulèvement en faveur de cette princesse, en excitant son intérêt » (*O' Méara*, t. I, p. 248.)

« Bien loin d'être athée, comme on l'a dit, Roberspierre soutint publiquement contre l'avis de plusieurs de ses collègues, *l'existence d'un Être suprême*. Il ne croyait pas non plus qu'il fût nécessaire d'exterminer tous les prêtres et les nobles, pour consolider la liberté en France, comme le prétendaient tant de révolutionnaires, Marat, par exemple, qui ne demandait pas moins de six cent mille têtes. Roberspierre voulait qu'on mît le Roi hors la loi, et non qu'on procédât à la ridicule moquerie de le juger. C'était un fanatique, un monstre ; mais il était incorruptible et incapable de voter ou de causer la mort de qui que ce fût, par inimitié personnelle ou par le désir de s'enrichir. Il était un enthousiaste, mais croyait agir selon la justice, et il ne laissa pas un sou après sa mort Sous quelques rapports, on peut dire que Roberspierre était un honnête homme. On lui imputa tous les crimes commis par Hébert, Chaumette, Collot-d'Herbois et d'autres. Marat, Billaud-de-Varennes, Fouché, Hébert, et plusieurs autres, étaient infiniment plus féroces que lui. » (*O' Méara*, t. II, p. 134.)

— L'empereur, parcourant divers points de la révolution, s'est arrêté sur Roberspierre, qu'il n'a pas connu, il est vrai, mais auquel il ne croyait ni talent, ni force, ni système. Il le pensait néanmoins le vrai bouc émissaire de la révolution, immolé dès qu'il avait voulu entreprendre de l'arrêter dans sa course; destinée commune, du reste, observait-il, à tous ceux qui jusqu'à lui, Napoléon, avaient osé l'essayer. Les terroristes et leur doctrine ont survécu à Roberspierre; et si leurs excès ne se sont pas continués, c'est qu'il leur a fallu plier devant l'opinion publique. Ils ont tout jeté sur Roberspierre; mais celui-ci leur répondait, avant de périr, qu'il était étranger aux dernières exécutions; que depuis six semaines il n'avait pas paru aux comités. Napoléon disait qu'à l'armée de Nice, il avait vu de longues lettres de Roberspierre à son frère, blâmant les horreurs des commissaires conventionnels, qui perdaient, disait-il, la révolution par leur tyrannie et leurs

atrocités, etc., etc. Cambacérès, qui doit être
une autorité sur cette époque, observait l'empereur, avait répondu à l'interpellation qu'il lui
adressait un jour sur la condamnation de Roberspierre: « Sire, cela a été un procès jugé,
mais non plaidé. » Ajoutant que Roberspierre
avait plus de suite et de conception qu'on ne
pensait. Qu'après avoir renversé les factions ef-
frénées qu'il avait eu à combattre, son intention avait été le retour à l'ordre et à la modéra-
tion. « Quelque temps avant sa chute, ajouta
Cambacérès, il prononça un discours à ce sujet,
plein des plus grandes beautés : on ne l'a point
laissé insérer au *Moniteur*, et toutes les traces
nous en ont été enlevées. »

Ceux qui sont portés à croire que Roberspierre, étant lassé, gorgé, effrayé de la révolution, avait résolu de l'arrêter, disent qu'il ne
voulut agir qu'après avoir lu son fameux discours : il le trouvait si beau, qu'il ne doutait pas
de son effet sur l'assemblée. S'il en est ainsi,
son erreur ou sa vanité lui coûtèrent cher.

Ceux qui pensent différemment, objectent
que Danton et Camille Desmoulins avaient précisément la même pensée, et que pourtant Roberspierre les immola. Les premiers répondent
que ce ne serait pas une raison, que Robers-

pierre les immola pour conserver sa popularité, quand il jugea que le moment n'était pas encore venu ; ou bien encore pour ne pas leur laisser la gloire de l'entreprise.

Quoi qu'il en soit, plus on s'est rapproché des instrumens et des auteurs de cette catastrophe, plus on y a trouvé d'obscurité et de mystère. (*Las Cases*, t. I, p. 423, 424, 425 et 426.)

ROQUELAURE (JEAN-ARMAND DE), né à Roquelaure en 1721. Destiné à l'état ecclésiastique, il obtint l'évêché de Senlis en 1754, et devint ensuite premier aumônier de la reine. A la révolution, il se retira dans un village près de Senlis. Arrêté en 1793, il ne recouvra sa liberté qu'après le 9 thermidor. Appelé en 1802 à l'archevêché de Malines. M. de Roquelaure est mort en 1810.

L'empereur l'appelait le bon archevêque, et lui avait accordé sa confiance, que M. de Roquelaure ne trompa nullement. (*Las Cases*, t. V, p. 110.)

S.

SALM (Princesse de) *.

« La princesse de Salm était extrêmement belle et spirituelle ; mais quant à la vertu et aux autres bonnes qualités, elle était bien au-dessous de sa sœur. Elle aurait fait une charmante maîtresse, mais pas une reine. » (*Las Cases*, t. II, p. 120.)

---

* *Note des Éditeurs.* Il ne faut pas confondre la princesse dont il est ici question, avec cette autre princesse de Salm, née en France, qui est l'auteur de la tragédie lyrique de *Sapho*, et de plusieurs autres ouvrages.

SAINT - HILAIRE (Leblond, comte de), Officier de
hussards à l'époque de la révolution, Général de brigade
à l'armée d'Italie, et général de division en 1799. Commandant de Marseille en 1800. Commandant de la 15e division militaire. Fit les campagnes d'Austerlitz, de Prusse,
de Pologne, et mourut des suites d'une blessure qu'il reçut
à la bataille d'Essling.

« Saint-Hilaire était général à Castiglione,
en 1796 ; il se faisait remarquer par son caractère chevaleresque ; il était aimable et bon camarade, bon frère, bon parent ; il était couvert
de blessures ; il aimait Napoléon, depuis le siége
de Toulon. On l'appelait le chevalier sans peur
et sans reproche, faisant allusion à Bayard. »
(*Montholon*, t. II, p. 86.)

SAINT-MARSAN (le marquis de), né à Turin, d'une famille noble. Il fut d'abord attaché à la carrière diplomatique, et devint ensuite ministre de la guerre du roi de Sardaigne. En 1802, lors de la réunion du Piémont à la France, le premier Consul le nomma Conseiller-d'État; puis, ambassadeur à Berlin, où il était encore en 1813. Obligé de retourner en France, il fut nommé sénateur et membre de la Commission des Cinq. A la restauration, les alliés le nommèrent président du Conseil de régence établi à Turin. Ministre de la guerre du roi de Sardaigne en 1814. Envoyé au congrès de Vienne. Ministre des affaires étrangères.

« Le comte de Saint-Marsan, d'une des meilleures familles du Piémont, avait vingt-cinq à trente ans (à l'époque de la guerre d'Italie.) Homme froid, doux, éclairé, il ne se laissait dominer par aucun préjugé; voyait, par conséquent, les choses telles qu'elles étaient. Il était personnellement prévenu contre la politique autrichienne, sentiment qu'il tenait de ses ancêtres et de sa propre expérience. » (*Montholon*, t. III, p. 269.)

SANTINI.

— Santini, jadis huissier du cabinet de l'empereur, et que son extrême dévouement avait porté à suivre son maître, pour le servir sous quelque titre que l'on voulût, était un corse qui sentait profondément, et s'exaltait avec facilité. Outré des mauvais traitemens du gouverneur de Sainte-Hélène, sir Hudson-Lowe ; ne pouvant tenir aux outrages qu'il voyait prodiguer à l'empereur, aigri de voir sa santé dépérir, et gagné lui-même par une mélancolie noire, il avait conçu le projet, à l'aide de son fusil à deux coups, de tuer le gouverneur, et de s'expédier ensuite lui-même, le tout, pour délivrer la terre d'un monstre. Cipriani, son compatriote, à qui Santini avait confié son projet, effrayé de la résolution d'un homme de ce caractère, prit le parti de tout découvrir à l'empereur, qui manda Santini sur le champ en sa présence. « Ce n'est, disait Napoléon, que par autorité *impériale*, *pontificale*, que j'ai pu venir à bout de terrasser la résolution de ce gaillard - là. » (*Las Cases*, t. V, p. 104 et 105.)

SARRAZIN (Jean), né au bourg Saint-Silvestre (Lot-et-Garonne), le 15 août 1770. Enrôlé en 1785, il racheta son congé, et devint gouverneur du comte de Verduzan. Professeur de mathématiques à l'école de Sorèze en 1787. Volontaire dans l'armée du Nord en 1792. Adjudant-major du bataillon de Verdun. Adjoint de première classe au corps du génie en 1794. Adjudant-général en 1795. Chef d'état-major du général Bernadotte en 1796. Général de brigade en 1797. Chef du bureau du mouvement des troupes sous le ministre Bernadotte. Commandant par *interim* la division de Ney. Réformé. Envoyé à Saint-Domingue. Employé dans la campagne d'Austerlitz. Commandant du département de l'Escaut en 1806. Il déserta du camp de Boulogne en 1809, et passa en Angleterre. A la restauration, il fut présenté à S. M. Louis XVIII. En 1819, il fut condamné à dix ans de fers, à l'exposition et à la flétrissure, pour crime de bigamie. Il subit son jugement en 1820. Sorti des bagnes à la fin de 1822, il alla servir la cause des royalistes portugais, sous le comte d'Amaranthe.

« C'est un fou, un écervelé ; cependant, il se laisse lire, il amuse, il coupe, tranche, juge et prononce sur les hommes et sur les choses. Il a déserté du camp de Boulogne, disait Napoléon, emportant tous mes secrets aux Anglais : cela pouvait avoir des suites fort graves. S......n était général, son acte fut hideux, irrémissible ; mais pourtant, regardez comme en révolution un homme peut être mauvais sujet, dévergondé, déhonté! Je l'ai trouvé à mon retour de l'île d'Elbe : il m'attendait de pied ferme ; il m'écrivait une longue lettre dans laquelle il pactisait avec moi. Les Anglais étaient des misérables, écrivait-il ; il avait été long-temps au milieu d'eux, il avait été maltraité, il connaissait leurs ressources, leurs moyens ; il m'allait être fort utile. Il savait que j'étais trop magnanime, trop grand, pour me souvenir encore des torts qu'il avait pu avoir, etc. Je le fis arrêter ; et comme il avait été déjà jugé et condamné, je suis encore à savoir pourquoi on ne l'a pas fusillé ; il faut qu'on n'en ait pas eu le temps, ou qu'il ait été oublié ; c'était un châtiment que réclamait la patrie : il ne saurait y avoir de transaction ni d'indulgence pour le général qui a l'infamie de se prostituer à l'étranger. » (*Las Cases*, t. V, p. 355, 356 et 357.)

SAVARY (Anne-Jean-Marie-René), né à Sédan, le 26 avril 1774, embrassa de bonne heure la carrière des armes, et devint successivement aide-de-camp des généraux Férino et Desaix, sur le Rhin et en Égypte. Aide-de-camp du général Bonaparte à la mort de Desaix. Général de brigade en 1804. Général de division en 1805. Commandant les gendarmes d'élite de la garde impériale. Employé comme négociateur dans les campagnes d'Allemagne. Duc de Rovigo après la bataille de Friedland. Commandant des troupes françaises en Espagne après le départ de Murat. Ministre de la police générale en 1810. Il accompagna Marie-Louise à Blois. Resta sans emploi durant la première restauration. Pair dans les *cent jours*. A la seconde abdication il suivit Napoléon ; mais les Anglais l'empêchèrent d'aller à Sainte-Hélène, l'arrêtèrent et l'enfermèrent à Malte. Porté sur la liste de proscription du 24 juillet. Il s'évada de Malte, se réfugia en Autriche et en Turquie. Revint en France à la fin de 1819, et y fut acquitté ; mais n'eut aucun emploi.

« Savary n'est pas un méchant homme ; au contraire, Savary a un excellent cœur, et c'est un brave soldat. Il m'aime avec toute l'affection d'un père. » (*O' Méara*, t. I, p. 156.)

SCHÉRER (Barthélemy-Louis-Joseph), né à Dalle, près Porentrui. Servit pendant onze ans dans les troupes autrichiennes, et passa ensuite dans le régiment d'artillerie de Strasbourg où il était capitaine au commencement de la révolution. Il devint rapidement général de brigade et général de division. Commandant en chef de l'armée des Alpes en 1795. Général en chef de l'armée des Pyrénées; puis, de celle d'Italie. Ministre de la guerre en 1797. Général en chef de l'armée d'Italie en 1799. Destitué. Schérer, retiré dans sa terre de Chauny, y est mort dans l'abrutissement, en 1804.

« Dilapidateur ignorant, digne de tous les blâmes. » (*Las Cases*, t. V, p. 392.)

— « On reprochait à Schérer, commandant l'armée d'Italie, de ne pas avoir su profiter de la bataille de Loano; depuis, on était peu satisfait de sa conduite. » (*Las Cases*, t. II, p. 223.)

SÉLIM III , né le 24 décembre 1761. Fils d'Abdal-Hamet. Il fut proclamé empereur des Turcs , le 7 avril 1789. Il régna jusqu'en 1808, époque à laquelle il périt à la suite d'une insurrection. La puissance ottomane fut considérablement affaiblie pendant les vingt années de sa domination.

« Sélim , le Louis XVI des Turcs , nous était très - attaché et très - favorable. Napoléon disait lui avoir écrit un jour : « Sultan , sors de ton sérail ; mets-toi à la tête de tes troupes, et recommence les beaux jours de ta monarchie. » Sélim se contenta de lui répondre que c'était bon pour les premiers princes de sa dynastie ; que les mœurs de ce temps étaient bien loin ; que de pareils actes seraient aujourdh'ui hors de saison , et tout-à-fait sans fruit. » (*Las Cases* , t. V, p. 191.)

SERRURIER (le comte), né à Laon en 1742. L'un des généraux français qui ont acquis une gloire plus irrépro-
chable dans les campagnes de la révolution, et principa-
lement dans toutes celles d'Italie. Commandant de Venise
en 1797. Inspecteur-général d'infanterie l'année suivante.
Gouverneur de Lucques en 1799. Prisonnier de Suwarow.
Sénateur après le 18 brumaire. Vice-président du Sénat
en 1802. Préteur du Sénat en 1803. Maréchal d'Empire
en 1804. Gouverneur des Invalides pendant toute la durée
du gouvernement impérial. Pair de France à la restauration. Remplacé dans le gouvernement des Invalides, le
général Serrurier est mort le 21 décembre 1819.

« Serrurier, né dans le département de l'Aisne,
était major d'infanterie au commencement de la
révolution ; il avait conservé toutes les formes et
la rigidité d'un major : il était fort sévère sur la
discipline, et passait pour aristocrate : ce qui lui
a fait courir bien des dangers au milieu des
camps, surtout dans les premières années. Il a
gagné la bataille de Mondovi et pris Mantoue. Il
a eu l'honneur de voir défiler devant lui le maréchal Wurmser. Il était brave, intrépide de sa
personne, mais peu heureux. Il avait moins d'é-
lan que les deux autres (Masséna et Augereau),
mais il les dépassait par la moralité de son caractère, la sagesse de ses opinions politiques, et
la sûreté de son commerce. Il eut l'honorable

mission de porter au Directoire les drapeaux pris au prince Charles. Il a depuis été fait maréchal de France, gouverneur des Invalides, et sénateur. » (*Montholon*, t. III, p. 230.)

« Serrurier avait conservé toutes les formes et toute la sévérité d'un major d'infanterie, honnête homme, probe, sûr ; mais généralement malheureux. » (*Las Cases*, t. I, p. 364.)

« Serrurier et Hédouville, cadet, marchaient de compagnie pour émigrer en Espagne ; une patrouille les rencontre : Hédouville plus jeune, plus leste, franchit la frontière, et va végéter misérablement en Espagne. Serrurier, obligé de rebrousser dans l'intérieur, et s'en désolant, devint maréchal. Exemple bien singulier du hasard sur les destinées des hommes. » (*Las Cases*, t. I, p. 275.)

SIDMOUTH (Henri - Addington , vicomte de), né à Réading en 1755. Élève du collége d'Oxford. Membre de la chambre des Communes. Orateur (*Speaker*) de la même chambre en 1789. L'ami et le soutien de Pitt qu'il remplaça au ministère en 1801 , comme chancelier de l'échiquier. Retiré du ministère en 1804, et remplacé par Pitt. Élevé à la pairie. Rentré au ministère en 1806, à la mort de Pitt, il fut chargé du sceau-privé. Président du Conseil après la mort de Fox. Retiré en 1807. S'éleva contre le ministère lors du bombardement de Copenhague en 1808. Secrétaire-d'État pour le département de l'intérieur après l'assassinat de M. Perceval.

« C'était un homme assez honnête, mais de peu de capacité ; une de ces braves ganaches qui concourent bonnement au mal. » (*Las Cases*, t. VII , p. 261.)

SIÉYÉS (Emmanuel-Joseph), né à Fréjus le 3 mai 1748. Vicaire-général du diocèse de Chartres en 1788. Député aux États-Généraux par le Tiers-État de Paris. Il proposa la formation de l'*Assemblée des représentans de la France*, et quelques jours après celle de l'*Assemblée nationale*. Membre du comité de constitution. Rédacteur de la *Déclaration des droits de l'homme*. Auteur de l'organisation départementale de la France, et de l'organisation du jury. Président de l'Assemblée en 1790. Membre du Directoire du département de Paris. Éloigné des affaires pendant la session de la législative. Député à la Convention, par trois départemens. Nommé membre du Directoire, il refusa d'abord ces fonctions, ainsi que celles de ministre des affaires étrangères. Assassiné en 1797. Ambassadeur en Prusse. Membre du Directoire en 1799. Consul provisoire après le 18 brumaire. Sénateur ; président du Sénat. Membre de la Chambre des Pairs dans les *cent jours*. Retiré dans les Pays-Bas à la fin de 1815.

« Siéyes m'a toujours été attaché ; je n'ai jamais eu à m'en plaindre. Il a pu être fâché de me trouver dans le chemin de ses idées métaphysiques ; mais il en revenait à sentir la nécessité que quelqu'un gouvernât, et me préférait à un autre. Siéyes, après tout, était probe, honnête, et surtout fort habile ; la révolution lui doit beaucoup. » (*Las Cases*, t. VI, p. 383, 384.)

— « Siéyes, avant la révolution, était aumônier d'une princesse. Un jour qu'il disait la messe , un accident obligea la princesse à se retirer. Son exemple fut suivi par ses dames de cour , par toute la noblesse , les officiers et les autres personnes qui y assistaient , plus par complaisance , que par un véritable sentiment de religion. Siéyes était très-occupé à lire son missel , et , pendant quelque temps , il ne s'aperçut pas qu'il était resté seul. Cependant , en levant les yeux de dessus son livre , il remarqua alors que la princesse , les grands et tous les gens , dits *comme il faut* , avaient disparu. Avec un air de mécontentement et de mépris , il ferma son livre , quitta l'autel en s'écriant : *Je ne dis pas la messe pour la canaille* , et sortit de la chapelle , laissant le service à l'endroit où il se trouvait. » (*O' Méara* , t. II , p. 199.)

SMITH (William-Sidney), né à Westminster en 1764. Entré dans la marine à l'âge de treize ans. Capitaine de frégate en 1783. Passé au service de la Suède en 1788, et ensuite à celui de la Turquie. Chargé d'incendier les vaisseaux de Toulon, lors de l'évacuation de celle ville par les Anglais. Prisonnier des Français en 1796. Évadé du Temple en 1797. Capitaine de vaisseau. Défenseur de Saint-Jean-d'Acre. Signataire du traité d'El-Arisk, qui n'eut point de résultat. Membre de la Chambre des Communes en 1802. Colonel des marins. Contre-amiral en 1805. Disgracié en 1807, à cause de ses liaisons avec la princesse de Galles. Président de l'association anti-pirate formée à Paris.

— « Lors de la convention d'El-Arisk, Sidney Smith avait fait preuve de beaucoup d'esprit, et s'était montré honnête homme. Après le refus de la ratification, il employa beaucoup de loyauté vis-à-vis de l'armée française. Après tout, disait Napoléon, Sydney-Smith n'est point un méchant homme ; j'en prends aujourd'hui une meilleure opinion, surtout d'après ce que je vois chaque jour de ses confrères. » (*Las Cases*, t. VI, p. 19-20.)

SOULT (Jean-de-Dieu), né à Saint-Amand, en 1770. Il s'engagea dans un régiment d'infanterie à l'âge de 16 ans. En 1790, il était sous-officier dans un bataillon de volontaires. Adjudant-major en 1791. Adjudant-général, adjoint à l'état-major, en 1792. Chef de brigade en 1793. Chef d'état-major du général Lefebvre, en 1794. Général de brigade en 1796. Commandant de Turin. Blessé et fait prisonnier. Échangé : promu au grade de général de division. Colonel-général des grenadiers de la garde consulaire en 1800. Commandant du camp de Boulogne. Maréchal d'Empire, en 1804. Commandant du centre de l'armée à Austerlitz. Duc de Dalmatie, après la paix de Tilsitt. Commandant l'armée française en Portugal. Major-général de l'armée d'Espagne, après la bataille de Talaveyra. Rentré en France, en 1813, il suivit bientôt Napoléon en Allemagne, et prit le commandement en chef de la garde impériale. Commandant le centre de l'armée à Bautzen. Envoyé sur la Bidassoa pour arrêter la marche des Anglais. Lieutenant de l'Empire. Ministre de la guerre, après la restauration. Démissionnaire. Pair dans les *cent jours*. Major-général à Waterloo. Compris dans l'ordonnance du 24 juillet 1815, et exilé. Rentré en France en 1820.

« Soult avait bien aussi ses défauts et ses qualités. Toute sa campagne du midi de la France est très-belle. Ce qu'on aura de la peine à croire, c'est que cet homme, dont l'attitude et la tenue indiquent un grand caractère, était esclave dans son ménage. Quand j'appris à Dresde, la défaite

de Vittoria , je cherchai quelqu'un propre à réparer tant de désastres : je jetai les yeux sur
Soult qui était auprès de moi ; il était tout
prêt , me disait-il ; mais il me suppliait de parler à sa femme , dont il allait avoir beaucoup
à souffrir. » (*Las Cases*, t. III, p. 280.)

« Soult est un excellent ministre de la guerre,
ou un major-général très-précieux ; il connaît
mieux la disposition d'une armée, que la manière de la commander. » (*O' Méara*, t. I,
p. 100.)

STAEL-HOLSTEIN (Anne-Louise-Germaine Necker), baronne de), née le 2 avril 1766. Mariée en l'année 1786, au baron de Staël, ambassadeur de Suède en France. On prétend que Pitt voulait l'épouser, et qu'elle refusa ce parti pour ne point quitter la France. Retirée en Suisse en 1792, elle perdit sa mère deux ans après. Rentrée en France après le règne de la terreur, elle en fut de nouveau exilée par le Directoire. Rentrée en France à l'époque où M. de Talleyrand revint des États-Unis, madame de Staël le fit nommer ministre des affaires étrangères. Exilée pour la troisième fois, après le 18 brumaire. Rentrée en France en 1797. Liée avec M. Benjamin-Constant, alors tribun. Veuve en 1802. Exilée de nouveau en 1803. Remariée en 1810, à M. Rocca, officier français. Après avoir parcouru l'Italie, l'Allemagne, la Russie, la Suède et l'Angleterre, madame de Staël revint en France à la restauration de 1814; elle s'exila encore au 20 mars. Retournée à Paris, après l'ordonnance du 5 septembre, madame de Staël est morte le 14 juillet 1817. Elle est l'auteur d'un grand nombre d'ouvrages qui ont eu beaucoup de succès, parmi lesquels se distinguent ceux : *de la Littérature*, etc., *Delphine*, *Corinne*, *de l'Allemagne*, *Considérations sur la Révolution française*, etc.

« C'est assurément une singulière famille que celle de madame de Staël! Son père, sa mère et elle, tous trois à genoux, en constante adoration les uns des autres, s'enfumant d'un encens réciproque, pour la meilleure édification et mystification du public. Madame de Staël, toutefois, peut se vanter d'avoir surpassé ses nobles parens.

« Madame de Staël était ardente dans ses passions ; elle était furieuse, forcenée dans ses expressions : c'était Corinne elle-même. Elle avait accumulé, dans le temps, tous ses efforts, toutes ses ressources sur le général de l'armée d'Italie ; elle lui avait écrit au loin, sans le connaître ; elle le harcela, présent. Le général ne répondit que par une indifférence qui n'est jamais pardonnée par les femmes. A son arrivée à Paris, il se trouva poursuivi du même empressement ; mais, de sa part, même réserve, même silence. Madame de Staël cependant, résolue d'en tirer quelques paroles, et de lutter avec le vainqueur de l'Italie, l'interpella au milieu d'un grand cercle, lui demandant quelle était à ses yeux la première femme du monde, morte ou vivante : « Celle qui a fait le plus d'enfans, » répondit Napoléon avec beaucoup de simplicité. Madame de Staël, un peu déconcertée, essaya de se remettre, en lui faisant observer qu'il avait la réputation d'aimer peu les femmes : « Pardonnez-moi, répondit encore Napoléon ; j'aime beaucoup la mienne, madame. »

« Le général de l'armée d'Italie eût pu, sans doute, mettre le comble à l'enthousiasme de la Corinne génevoise ; mais il redoutait ses infidélités politiques, et son intempérance de célébrité ; peut-être eut-il tort. Toutefois, l'héroïne avait fait trop de poursuites ; elle s'était vue trop rebutée, pour ne pas devenir une chaude ennemie.

« Lors du concordat, contre lequel madame de Staël était forcenée, elle unit tout-à-coup contre Napoléon les aristocrates et les républicains. Madame de Staël ayant enfin lassé toute patience, fut envoyée en exil. Dans sa disgrace, elle combattait d'une main, et sollicitait de l'autre. Le premier Consul lui fit dire qu'il lui laissait l'univers à exploiter, qu'il lui abandonnait le reste de la terre, et ne se réservait que Paris dont il lui défendait d'approcher. Mais Paris était précisément l'objet de tous les vœux de madame Staël. Le Consul fut constamment inflexible. Toutefois, madame de Staël renouvelait, de temps à autre, ses tentatives. Sous l'empire, elle voulut être dame du palais : il y avait sans doute à dire oui ou non ; mais le moyen qu'on pût tenir madame de Staël tranquille dans un palais ! » (*Las Casses*, t. V, p. 3i2, 3i3, 3i4, 3i5 et 3i6.)

— Dès que la victoire eut consacré le jeune général de l'armée d'Italie, madame de Staël, sans le connaître, et par la seule sympathie de la gloire, professa, dès cet instant, pour lui, des sentimens d'enthousiasme dignes de la Corinne; elle lui écrivait de longues et nombreuses épîtres pleines d'esprit, de feu, de métaphysique : c'était une erreur des institutions humaines, lui mandait-elle, qui avait pu lui donner pour femme la douce et tranquille madame Bonaparte; c'était une ame de feu comme la sienne (de madame de Staël), que la nature avait sans doute destinée à celle d'un héros tel que lui, etc.

L'ardeur de madame de Staël ne s'était pas éteinte, pour n'avoir pas été répondue. Habile à ne pas se décourager, elle était parvenue plus tard à lier connaissance, même à se faire admettre, et elle usait de ce privilége, disait Napoléon, jusqu'à l'importunité. (*Las Cases*, t. II, p. 165.)

— Toutefois, au retour de l'île d'Elbe, madame de Staël écrivit ou fit dire à l'empereur, pour lui exprimer à sa manière tout l'enthousiasme que venait de lui causer ce merveilleux évènement, qu'elle était vaincue; que ce dernier acte n'était pas d'un homme ; qu'il plaçait, dès cet instant, son auteur dans le ciel. Puis, en se résumant, elle finissait par insinuer que, si l'empereur daignait laisser payer les deux millions déjà ordonnancés par le roi en sa faveur, elle lui consacrerait à jamais sa plume et ses principes. Napoléon lui fit répondre que rien ne le flattait plus que son suffrage ; car il appréciait son talent ; mais qu'en vérité, il n'était pas assez riche pour le payer à ce prix. (*Las Cases*, t. II, p. 156.)

— « Madame de Staël était une femme de beaucoup de talent et d'une grande ambition ; mais si intrigante et si remuante qu'elle donna lieu à ce qu'on dit d'elle, qu'elle jeterait ses amis à la mer, afin de pouvoir les sauver au moment où ils seraient près de se noyer. J'ai été obligé de l'éloigner de la cour. A Genève, elle forma une liaison avec mon frère Joseph qu'elle gagna par sa conversation et par ses écrits. Quand je revins de l'île d'Elbe, elle voulait me faire présenter son fils, pour me demander le paiement de deux millions que M. Necker, son père, avait prêtés à Louis XVI, sur ses fonds, et, en même temps, pour m'offrir ses services, si je consentais à lui accorder l'objet de sa première demande. Comme je savais très-bien ce que voulait son fils, et que je ne pensais pouvoir le lui accorder sans être injuste envers d'autres qui étaient dans le même cas, je refusai de le voir, et je donnai des ordres pour qu'il ne me fût pas présenté. Mais Joseph ne voulait pas être refusé, il l'amena en dépit de cet ordre. Les huissiers de la chambre n'osèrent pas refuser l'entrée à mon frère, surtout lorsqu'il eut dit qu'il répondait des suites. Je le reçus très-poliment ; j'écoutai l'exposé de son affaire, et je répondis que j'étais fâché qu'il ne fût pas en mon pouvoir d'acquiescer à sa demande ; qu'elle était contraire aux lois, et que ce serait faire une injustice aux autres. Cependant madame de Staël ne se contenta pas de cette solution. Elle écrivit à Fouché une longue lettre dans laquelle elle parlait de ses droits, et disait qu'elle avait besoin d'argent pour doter sa fille, qu'elle donnait en mariage au duc de Broglie, promettant que, si je lui accordais sa demande, *elle serait noire et blanche pour moi*. Fouché me communiqua cette proposition, et me conseilla fortement de faire droit à sa réclamation, ajoutant qu'elle pourrait rendre de très-grands services dans un moment si critique. Je répondis que je ne voulais point faire de marché.

« Cependant, on ne pouvait pas appeler madame de Staël une méchante femme ; mais elle était turbulente, et elle avait beaucoup d'influence et de talent. » (*O' Méara* , t. II, p. 52 et 53.)

STENGEL (H.), né sujet de l'électeur palatin ; il servit en France avant la révolution, et devint colonel de hussards , en 1792. Maréchal-de-camp sous Dumouriez, il commanda son avant-garde. Arrêté et conduit à l'Abbaye, Stengel languit long-temps dans les prisons. Rendu à la liberté , il fut employé à l'armée d'Italie , et mourut sur le champ de bataille de Mondovi.

— « Le général Stengel , Alsacien , était un excellent officier de hussards ; il avait servi sous Dumouriez, aux campagnes du Nord ; il était adroit, intelligent, alerte ; il réunissait les qualités de la jeunesse à celles de l'âge avancé : c'était un vrai général d'avant-postes. »

— « A la bataille de Mondovi, Stengel, qui s'était trop éloigné en plaine avec un millier de chevaux, fut attaqué par les Piémontais, doubles en force. Il fit toutes les dispositions qu'on devait attendre d'un général consommé, et opérait sa retraite sur ses renforts, lorsque, dans une charge, il tomba, blessé à mort, d'un coup de pointe.

« Malheureusement, Stengel avait la vue basse, défaut essentiel dans sa profession, qui lui devint funeste, et contribua à sa mort. » (*Las Cases*, t. II, p. 243.)

SUCHET (Louis-Gabriel), né à Lyon le 2 mars 1772. Volontaire à l'époque de la révolution. Sous-lieutenant. Lieutenant et capitaine en 1792. Chef du 4e bataillon de l'Ardèche au siége de Toulon. Chef de brigade sur le champ de bataille, en 1797. Général de brigade en 1798. Chef de l'état-major du général Joubert. Démissionnaire. Employé à l'armée du Danube en 1799. Chef de l'état-major du général Masséna. Général de division. Lieutenant de Masséna en Italie, après le 18 brumaire. Général en chef à l'armée du Var. Commandant le centre de l'armée d'Italie en 1801. Inspecteur-général d'infanterie en 1802 et 1803. Employé activement dans les immortelles campagnes d'Austerlitz et de Jéna. Commandant du 5e corps d'armée envoyé en Espagne en 1808. Général en chef de l'armée d'Aragon en 1809. Maréchal d'Empire en 1811. Duc d'Albuféra en 1812. Colonel-général de la garde impériale à la mort du maréchal Bessières. Pair de France à la restauration de 1814. Pair dans les *cent jours*, et général en chef de l'armée des Alpes. Exclu de la Chambre des Pairs par l'ordonnance du 24 juillet 1815, le maréchal Suchet y a été rappelé le 5 mars 1819.

« Suchet était quelqu'un chez qui le caractère et l'esprit s'étaient accrus à surprendre. » (*Las Cases*, t. II, p. 19.)

T.

TALLEYRAND-PÉRIGORD (Charles-Maurice), né
à Paris, en 1754. Destiné à embrasser l'état ecclésiastique,
il entra fort jeune au séminaire de Saint-Sulpice ; reçut les
ordres et fut nommé agent-général du clergé en 1780.
Huit ans après, il fut élevé à l'évêché d'Autun. Député du
clergé aux États-Généraux de 1789. Membre du comité de
constitution. Président en 1790. Frappé d'une bulle d'ex-
communication, pour avoir sacré les premiers évêques
constitutionnels, il donna sa démission de l'évêché. Membre du Directoire du département de Paris en 1791. Envoyé en mission en Angleterre par Louis XVI, en 1792.
Décrété d'accusation. Forcé de quitter l'Angleterre en
1794, il se réfugia aux États-Unis. Libre de rentrer en
France en 1795, il passa par Hambourg, où il connut
madame Grant. Ministre des relations extérieures en 1797.
Démissionnaire en 1799. Rappelé au ministère des relations extérieures, après le 18 brumaire. Rendu à la vie
séculière par un bref du Pape, du 15 juillet 1801, M. de
Talleyrand épousa aussitôt madame Grant. Grand chambellan de l'Empire en 1804. Prince de Bénévent en 1806.
Remplacé au ministère en 1807. Vice-grand-électeur de
l'Empire. Membre de la régence en 1814. Président du

Gouvernement provisoire à la chute de Napoléon. Ministre des affaires étrangères, le 12 mai 1814. Envoyé au congrès de Vienne. Ministre des affaires étrangères, et président du ministère, à la seconde restauration. Démissionnaire lors du traité de 1815. Pair de France.

« T......... était toujours en état de trahison ; mais c'était de complicité avec la fortune. Sa circonspection était extrême ; se conduisant avec ses amis, comme s'ils devaient être ses ennemis ; avec ses ennemis, comme s'ils pouvaient devenir ses amis. T. .... avait toujours été contraire dans mon esprit, au faubourg Saint - Germain. Dans l'affaire du divorce, il avait été pour l'impératrice Joséphine ; c'était lui qui avait poussé à la guerre d'Espagne, bien que dans le public il eût eu l'art de s'y montrer contraire. C'était lui, enfin, qui avait été l'instrument principal et la cause active de la mort du duc d'Enghien.

« Une actrice célèbre, (mademoiselle Raucourt) l'avait peint d'une manière fort vraie : « Si vous le questionnez, disait-elle, c'est une boîte de fer-blanc dont vous ne tirerez pas un mot ; si vous ne lui demandez rien, bientôt vous ne saurez comment l'arrêter, ce sera une véritable commère. »

« Le visage de M. de T......... est tellement impassible, qu'on ne saurait jamais y rien lire :

aussi Lannes et Murat disaient-ils plaisamment de lui, que si, en vous parlant, son derrière venait à recevoir un coup de pied, sa figure ne vous en dirait rien.

« M. de T......... avait un intérieur fort doux et même attachant ; ses familiers et ses agens l'aimaient et lui étaient fort dévoués.

« L'empereur, lors du concordat, avait voulu faire M. de T.......... cardinal, et le mettre à la tête des affaires ecclésiastiques ; c'était son lot, lui disait-il, il rentrait dans le giron, réhabilitait sa mémoire, fermait la bouche aux déclamateurs. M. de T......... ne le voulut jamais ; son aversion pour l'état ecclésiastique était invincible.

« Napoléon avait été sur le point de lui donner l'ambassade de Varsovie, confiée, depuis, à l'abbé de Pradt ; mais des affaires d'agiotage, des saletés, sur lesquelles M. de T......... était incorrigible, le forcèrent à y renoncer.

« C'était par le même motif, et sur la réclamation de plusieurs souverains d'Allemagne, qu'il s'était vu contraint de lui retirer le portefeuille des relations extérieures.

« Fouché, disait l'empereur, était le T......... des clubs, et T.......... le Fouché des salons. » (*Las Cases*, t. III, p. 49, 50, 51, et 52.)

TALMA (François-Joseph), né à Paris le 15 janvier 1766.
Fils d'un dentiste célèbre. A dix ans, il joua la tragédie au
collége. Il acheva son éducation à Londres, où il joua la
comédie, en amateur, devant le prince de Galles. A cette
époque, des personnages anglais insistèrent pour qu'il se
destinât à la scène anglaise; mais il revint en France, et
débuta au Théâtre-Français, le 27 novembre 1787, par le
rôle de *Séide*. Talma opéra une révolution complète dans
le costume, en commençant par se montrer dans la tragédie de *Brutus*, avec une véritable toge romaine. Les comédiens Français s'étant brouillés à l'époque de la révolution,
une seconde scène française s'éleva sur le théâtre de la rue
de Richelieu, où Talma n'a cessé de se faire applaudir
depuis. Dénoncé au tribunal révolutionnaire en 1793.
Après la retraite de Larive, Talma cessa de jouer la comédie, et entra en possession du premier emploi tragique.
En septembre 1808, Talma joua, à Erfurt, devant un beau
parterre de rois, *la Mort de César*. Talma a été l'ami de
Mirabeau et de Napoléon. A la restauration de 1814,
Talma fut bien traité par le Roi. En 1824, il a de nouveau
fait une excursion dans le domaine de Thalie, et s'est fait
applaudir dans l'*École des Vieillards*. (Voyez le portrait de
Talma par madame de Staël, *de l'Allemagne*, t. II,
ch. 27.)

— Talma, le célèbre tragique, parvenait très-
souvent jusqu'à l'empereur, qui faisait grand
cas de son talent, et le récompensait magnifique-
ment. Quand le premier consul devint empe-

reur, les bruits de Paris furent qu'il faisait venir Talma pour prendre des leçons d'attitude et de costume. L'empereur qui n'ignorait rien de ce qui se disait contre lui, en plaisantait un jour Talma : celui-ci en demeurait déconcerté, confondu. « Vous avez tort, lui disait l'empereur, je n'aurais sans doute eu rien de mieux à faire, si toutefois j'en avais eu le temps. » Et alors c'était lui qui donnait à Talma des leçons sur son art : tout le monde sait que Talma a fait en effet, depuis, de grandes corrections dans ses rôles. (*Las Cases*, t. II, p. 308.).

— « Dans mon systême de mêler tous les genres de mérite, disait Napoléon, et de rendre une seule et même récompense universelle, j'eus la pensée de donner la croix de la Légion-d'Honneur à Talma ; toutefois, je m'arrêtai devant le caprice de nos mœurs, le ridicule de nos préjugés ; je voulus, au préalable, faire un essai et sans conséquence : je donnai la couronne de fer à Crescentini, etc. » (*Las Cases*, t. VI, p. 321.)

TOUSSAINT - LOUVERTURE, célèbre général noir. Intrépide, actif, intelligent, ayant beaucoup d'influence à Saint-Domingue. En 1796, le général Rochambeau lui confia le commandement d'une division de l'armée française. Il remporta de grands avantages sur les Anglais. Il conçut ensuite le projet de rendre Saint-Domingue indépendant. Pour prouver sa bonne foi, Toussaint envoya ses enfans en France. En 1799, il se battit contre le général Rigaud, homme de couleur, le défit complètement en 1800, et resta alors seul maître de la colonie. En 1801, il insurgea toute l'île contre l'expédition du général Leclerc, et fut mis hors la loi. Il fut bientôt obligé de se rendre. Déporté en France, Toussaint-Louverture fut d'abord enfermé au Temple, puis transféré au fort de Joux où il mourut en 1803. On répandit le bruit qu'il avait été empoisonné : mais ce bruit ne put s'accréditer.

— « Toussaint n'était pas un homme sans mérite, bien qu'il ne fût pas ce qu'on a essayé de le peindre dans le temps. Son caractère, d'ailleurs, prêtait peu, il faut le dire, à inspirer une véritable confiance ; nous avons eu fort à nous en plaindre. Il eût fallu toujours s'en défier. Un officier de génie ou d'artillerie, le conduisait en grande partie. Cet officier était venu en France avant l'expédition de Leclerc ; on avait conféré avec lui ; il avait beaucoup cherché à détourner de l'entreprise ; il en avait peint exactement toutes les difficultés , sans prétendre néanmoins qu'elle fût impossible. » (*Las Cases*, t. IV , p. 207 et 208.

TRONCHET (François-Denis), né à Paris en 1726. Avocat au Parlement de Paris. Député du Tiers-État aux États-
généraux de 1789. Membre de la commission de constitution. Président de l'Assemblée législative en 1791. Défenseur de Louis XVI devant la Convention. Député au
Conseil des Anciens en 1795. Élu président. Juge au tribunal de cassation. Appelé au sénat en 1801 , par le premier consul , le corps législatif et le tribunat. Mort le 10
mars 1806.

« Tronchet était l'ame du Conseil-d'État ; il
avait un esprit éminemment profond et juste ;
mais il sautait par-dessus les développemens ,
parlait fort mal , et ne savait pas se défendre. »
(*Las Cases* , t. III , p. 284.)

TRUGUET (Laurent-Jean-François), né à Toulon où son père était capitaine de port. Garde-marine; lieutenant de vaisseau en 1779; major en 1786. Contre-amiral en 1792. Ministre de la marine en 1795. Remplacé en 1798, et nommé ambassadeur à Madrid. Porté sur la liste des émigrés pour avoir désobéi à l'ordre de son rappel. Conseiller-d'État après le 18 brumaire. Commandant l'escadre de Brest en 1803. Vice-amiral. Préfet maritime dans la Hollande, en 1811. Créé comte, par le Roi, en 1814. Administrateur du 3ᵉ arrondissement maritime à Brest, en 1816. Pair de France en 1819.

Napoléon le croyait fort peu capable, bon administrateur; mais il avait été trop sale dans la révolution; et puis, ce qui avait achevé de le perdre, c'est que, même fort tard, l'empereur lisait parfois ses lettres secrètes, dans lesquelles il jacobinisait encore. (*Las Cases*, t. III, p. 297.)

TURREAU DE GRABOUVILLE. Avocat à l'époque de la révolution. Administrateur du département de l'Yonne, en 1790. Député suppléant à la législature de 1791. Député à la Convention nationale, en 1792. Envoyé à l'armée de la Vendée. Secrétaire de la Convention. Commissaire près l'armée d'Italie. Commissaire du Directoire, pour les opérations militaires du département de la Seine. Turreau mourut quelque temps après.

« Représentant du peuple à l'armée de Nice ; assez insignifiant. Sa femme, extrêmement jolie, fort aimable, partageait et parfois dirigeait sa mission. Le ménage faisait le plus grand cas du général d'artillerie (Napoléon). Il s'en était tout-à-fait engoué, et le traitait au mieux sous tous les rapports ; ce qui était un avantage immense ; car dans ce cas de l'absence des lois, ou de leur improvisation, un représentant du peuple était une véritable puissance. Celui-ci fut un de ceux qui, dans la Convention, contribuèrent le plus à faire jeter les yeux sur Napoléon, lors de la crise de vendémiaire : c'était une suite naturelle des hautes impressions que lui avaient laissées le caractère et la capacité du jeune général. » (*Las Cases*, t. I, p. 199 et 200.)

V.

VALENCE (Cyrus-Marie-Alexandre, comte de Tim-
brune-Timbrone), né à Agen, le 20 août 1757. Entré au
service dans l'artillerie en 1774. Capitaine au régiment de
Royal-Cavalerie en 1778. Aide-de-camp du maréchal de
Vaux. Colonel en second du régiment de Bretagne, en
1784. Premier écuyer du duc d'Orléans. Colonel, maréchal-de-camp, et général de division en 1792. Commandant de l'armée de Dumouriez au commencement de 1793.
Expatrié. Rentré en France au 18 brumaire. Sénateur en
1805. Commandant de la 5ᵉ division de l'armée d'Espagne
en 1808. Commandant de l'une des divisions de cavalerie
sous les ordres de Murat, en 1812. Commissaire extraordinaire dans la 6ᵉ division militaire en 1813. Pair de France
le 4 juin 1814. Pair dans les *cent jours*. Rayé de la liste des
Pairs le 24 juillet 1815, et proscrit. Rappelé à la Chambre
des Pairs en 1819.

— « Valence m'a été fidèle : il a toujours été
national. » (*Las Cases*, t. II, p. 434.)

VILLENEUVE (N.), contre-amiral français. Servit constamment pendant la guerre de la révolution et se distingua, notamment à Aboukir. Commandant en chef des forces navales stationnées aux Iles-du-Vent, en 1802. Vice-amiral en 1804; commandant de l'escadre de Toulon. Fait prisonnier par les Anglais, à la malheureuse bataille de Trafalgar. Renvoyé en France en 1806, Villeneuve s'est donné la mort, le 23 avril de la même année.

« Avec plus de vigueur, au cap Finistère, Villeneuve eût pu rendre l'attaque de l'Angleterre pratiquable. Son apparition avait été combinée de très-loin, avec beaucoup d'art et de calcul, en opposition à la routine des marins qui entouraient Napoléon; et tout réussit jusqu'au moment décisif; alors la mollesse de Villeneuve vint tout perdre. » (*Las Cases*, t. III, p. 299.)

« Villeneuve, lorsqu'il fut fait prisonnier par les Anglais, fut tellement affligé de sa défaite, qu'il étudia l'anatomie pour se détruire lui-même. A cet effet, il acheta plusieurs gravures anatomiques du cœur, et les compara avec son propre corps, pour s'assurer exactement de la position de cet organe. Lors de son arrivée en France, je lui ordonnai de rester à Rennes, et de ne pas venir à Paris. Villeneuve, craignant d'être jugé par un conseil de guerre, pour avoir désobéi à mes ordres, et conséquemment avoir perdu la flotte (car je lui avais ordonné de ne pas mettre à la voile, et de ne pas s'engager avec les Anglais), résolut de se détruire. En conséquence, il prit ses gravures du cœur, les compara de nouveau avec sa poitrine, fit exactement au centre de la gravure une longue piqûre avec une longue épingle, fixa ensuite cette épingle, autant que possible, à la même place contre sa poitrine, l'enfonça jusqu'à la tête, pénétra le cœur, et expira. Lorsqu'on ouvrit sa chambre, on le trouva mort ; l'épingle était dans sa poitrine, et la marque faite dans la gravure, correspondait à la blessure de son sein. Il n'aurait pas dû agir ainsi ; c'était un brave, bien qu'il n'eût aucun talent. » (*O' Méara*, t. II, p. 54.)

VISCONTI (Madame).

Madame Visconti était dans la foule des Armides qui aspiraient à toucher le cœur du jeune conquérant de l'Italie. Lasse de perdre son temps, elle se rabattit sur Berthier, qui, dès ce premier instant, ne vécut plus que pour elle.

Depuis, madame Visconti n'a cessé de le gouverner dans toutes les circonstances de sa vie. L'empereur ayant comblé Berthier de richesses et d'honneurs, le pressait souvent de se marier. Berthier résistait toujours ; madame Visconti pouvait seule faire son bonheur. Cependant, une duchesse de Bavière étant venue à Paris, dans l'espoir de se faire marier par l'empereur, le fils de madame Visconti fit connaissance avec elle. Madame Visconti crut faire merveille, et travailler à la fortune de son fils tout en mariant son amant ; elle décida donc Berthier à épouser cette princesse de Bavière ; mais comme il n'est point de sage projet dont ne se rie la fortune, à peine le mariage était-il consommé, que le mari de madame Visconti vint à mourir, et laissa sa femme libre. Ce fut alors pour elle et pour Berthier un coup de désespoir ; ils étaient inconsolables. « Quel malheur était le sien disait-il ; avec un peu plus de constance, madame Visconti aurait pu être ma femme. » Berthier vint pleurer auprès de l'empereur qui l'envoya promener. (*Voyez* BERTHIER.) (*Las Cases*, t. V, p. 32 et 33.)

VOISIN (Jean-Baptiste, du) né à Langres, le 19 octobre
1744. Successivement promoteur de l'officialité de Paris,
censeur royal, chasseur d'Auxerre. Député en 1792, il ou-
ouvrit un cours de littérature à Brunswick, rentré en
France, en 1802, il fut sacré évêque de Nantes; appelé,
en 1810, à l'archevêché d'Aix, il préféra rester à Nantes.
Conseiller-d'État, en 1812; baron et confesseur de Marie-
Louise. Mort le 10 juillet 1813.

« Du Voisin, disait l'empereur, me rendait
réellement catholique par la sagesse de ses rai-
sonnemens, son excellente morale et sa tolérance
éclairée. Il avait vécu avec Diderot, au milieu
des incrédules, et y avait toujours été convena-
blement ; aussi avait-il réponse à tout : il avait
le bon esprit d'abandonner tout ce qui n'était
pas soutenable, de faire rétrograder la religion
de tout ce qu'il n'eût pu défendre : par là, il se
ménageait toujours un excellent terrain ; aussi
argumentait-il bien mieux que le Pape, et souvent il le désolait. C'était parmi nos évêques, le
plus ferme appui des libertés gallicanes. C'était
mon oracle, mon flambeau : il avait ma confiance aveugle sur les matières religieuses. »
(*Las Cases*, t. V, p. 328, 329 et 330.)

W.

WELLINGTON (Arthur Wellestey), né à Dungan-Castle le 1er mai 1769 (année de la naissance de Napoléon.) Élève de l'école militaire d'Angers, en France. Enseigne, en 1787 ; lieutenant dans la même année. En 1793, son frère, le marquis de Wellestey, lui acheta la lieutenance-colonelle du 33e régiment. Il commanda une brigade dans la retraite de Hollande. Envoyé dans l'Inde, en 1797. Gouverneur de Séringapatam, en 1799. Major-général, en 1800. Retourné en Angleterre, en 1805, et fit la campagne de l'île de Walcheren, sous les ordres de lord Cathcart. Député à la Chambre des communes, en 1806. Premier secrétaire de l'Irlande, en 1807. Envoyé en Espagne en 1808, il fut compromis dans la négociation du général Dalrymphe. Commandant en chef des troupes britanniques en Portugal, en 1809. Pair d'Angleterre, et vicomte de Talavéra. Grand d'Espagne de première classe, en 1812, et duc de Ciudad-Rodrigo. Comte (d'Angleterre). Feld-maréchal. Marquis de Douro et duc de Wellingtin. Ambassadeur extraordinaire et ministre plénipotentiaire près la cour de France, en 1814. Ministre plénipotentiaire au congrès de Vienne. Généralissime des troupes européennes dans les *cent jours*. Prince de Waterloo. Généralissime des troupes alliées de l'occupation. Feld-maréchal de Russie, en 1818.

« W......... n'a qu'un talent spécial : Berthier avait bien le sien Il y excelle peut-être ; mais il n'a pas de création ; la fortune a plus fait pour lui qu'il n'a fait pour elle. Quelle différence avec ce Marlborough, désormais son émule et son parallèle! Marlborough, tout en gagnant des batailles, maniait les cabinets et subjuguait les hommes. Pour W........., il n'a su que se mettre à la suite des vues et des plans de C.......; aussi madame de Staël avait-elle dit que hors de ses batailles il n'avait pas deux idées......... Ses victoires, leur résultat, leur influence hausseront encore dans l'histoire ; mais son nom baissera, même de son vivant, etc., etc. » (*Las Cases*, t. VII, p. 277.)

— « On m'assura, disait Napoléon, que c'est par lui que je suis ici, et je le crois. C'est digne, du reste, de celui qui, au mépris d'une capitulation solennelle, a laissé périr Ney, avec lequel il s'était vu souvent sur le champ de bataille. Il est sûr que pour moi je lui ai fait passer un mauvais quart-d'heure. C'est désormais un titre pour les grandes ames, la sienne ne l'a pas senti. Ma chute et le sort qu'on me réservait lui ménageaient une gloire bien supérieure encore à toutes ses victoires, et il ne s'en est pas douté. Ah! qu'il doit un beau cierge au vieux Blucher! Sans celui-là, je ne sais pas où serait *Sa Grace*, ainsi qu'ils l'appellent ; mais moi, bien sûrement, je ne serais pas ici. Ses troupes ont été admirables, ses dispositions à lui pitoyables, ou, pour mieux dire, il n'en a fait aucune. Il s'était mis dans l'impossibilité d'en faire, et, chose bizarre, c'est ce qui a fini par le sauver. S'il eût pu commencer sa retraite, il était perdu...... Il est demeuré maître du champ de bataille, c'est certain ; mais l'a-t-il dû à ses combinaisons ? Il a recueilli les fruits d'une victoire prodigieuse ; mais son génie l'avait-il préparée ?..... Sa gloire est toute négative, ses fautes sont immenses. Lui, généralissime européen, chargé d'aussi grands intérêts, ayant en front un ennemi aussi prompt, aussi hardi que moi, laisser ses troupes éparses, dormir dans une capitale, se laisser surprendre ! Et ce que peut la fatalité quand elle s'en mêle ! en trois jours j'ai vu le destin de la France, celui du monde échapper à mes combinaisons.

« D'abord, sans la trahison d'un général, qui sort de nos rangs pour aller avertir l'ennemi, je dispersais, je détruisais toutes ces bandes, sans qu'elles eussent pu se réunir en corps d'armée.

« Puis, sur ma gauche, sans les hésitations inaccoutumées de Ney, aux quatre bras, j'anéantissais toute l'armée anglaise.

« Enfin, sur ma droite, les manœuvres inouïes de Grouchy, au lieu de me garantir une victoire certaine, ont consommé ma perte et précipité la France dans un gouffre *. » (*Las Cases*, t. VII, p. 275 et 276.)

— « Si lord Wellington se fût retranché, je ne l'eusse pas attaqué. Comme général, son plan n'indiquait pas de talent. Il déploya, sans doute, beaucoup de courage et de persévérance, mais il perd un peu de son mérite, lorsque l'on considère qu'il n'avait aucun moyen de retraite, et que s'il eût cherché à l'effectuer, il n'aurait pas sauvé un seul homme de son armée. Il dut le gain de la bataille d'abord à la fermeté et à la bravoure de ses troupes, car les Anglais se sont battus avec le plus grand acharnement et le plus grand courage ; ensuite à l'armée de Blucher, à qui on devrait plutôt attribuer la victoire qu'au duc, parce qu'il a déployé plus de talent

---

* M. de Las Cases avait remarqué qu'en général il répugnait à Napoléon de mentionner lord Wellington, et qu'il évitait même de laisser connaître son jugement, probablement parce que l'empereur se sentait gauche à ravaler celui sous lequel il avait succombé. Toutefois, le 16 novembre 1816, Napoléon, abreuvé d'amertume pour toutes les indignités dont il était l'objet à Sainte-Hélène, s'est abandonné sans mesure, et a livré sa pensée toute entière. (*On s'est servi dans cette note des propres expressions de M. de Las Cases.*)

comme général. Battu la veille, il avait rassemblé ses troupes, qu'il conduisit au combat dans la soirée. Je crois cependant que Wellington est un homme d'une grande fermeté. La gloire d'une semblable victoire est une grande chose, mais sa réputation militaire n'y gagnera rien aux yeux de l'histoire. » (*O'Méara*, t. I, p. 422.)

WHITWORTH (Lord), Ambassadeur anglais auprès du premier Consul. Après en avoir sollicité et obtenu une audience, il fit ou laissa insérer dans les journaux anglais un rapport sur cette entrevue, que Napoléon assurait être rempli de faussetés, et qui excita l'indignation des autres ambassadeurs auprès du premier Consul. Tous les mensonges contenus dans le rapport s'expliquent par l'usage où sont les politiques anglais de faire deux versions sur le même objet : l'une publique et fausse pour les archives ministérielles ; l'autre confidentielle et vraie pour les seuls ministres : tel est le rôle que dut jouer à cette époque lord Whitworth.

« Lord Whitworth est un homme habile, un peu intrigant, autant que j'ai pu l'observer, mais adroit ; c'est, de plus, un bel homme. Les ministres n'avaient aucune raison de se plaindre de lui ; car il entrait bien dans leurs projets. Le détail qu'ils ont publié de son entrevue avec moi était plein de mensonges.

« Je n'ai jamais usé envers lui de violence dans mes manières, ni de grossièreté dans mon langage. Les ambassadeurs ne pouvaient cacher leur mécontentement, quand ils lurent un tel amas de faits controuvés, et ils les démentirent. Les Anglais qui habitaient Paris étais très-mécontens de son épouse, la duchesse de Dorset : ils disaient à haute voix que son orgueil allait jusqu'à la sottise. La présentation à la cour fut une pomme de discorde entre elle et beaucoup de dames anglaises. Elle refusait d'introduire celles qui n'avaient pas été présentées à la cour de Saint-James ; or, il y avait beaucoup d'Anglaises qui ne voulaient ni ne pouvaient y être présentées, mais qui désiraient l'être auprès de moi, et qui étaient refusées par elle et par son mari. » (*O' Méara*, t. II, p. 98.)

WILHELMINE (Louise-Auguste-Amélie de Mecklem-
bourg-Strelitz); reine de Prusse. Morte le 19 juillet
1810.

— « La reine de Prusse avait certainement des
moyens, beaucoup d'instruction, et une grande
habitude : elle régnait véritablement depuis plus
de quinze ans. » (*Las Cases*, t. IV, p. 262.)

— « La reine de Prusse avait été très-belle;
mais à l'époque fameuse de Tilsitt, elle commençait à perdre de sa première jeunesse. » (*Las
Cases*, t. IV, p. 257.)

— « Elle avait beaucoup d'esprit; toutes ses
manières étaient fort agréables, et sa coquetterie
n'était pas sans charmes. » (*Las Cases*, t. IV,
p. 259.)

— « J'ai eu une haute considération pour elle,
et si le roi l'eût amenée d'abord à Tilsitt, il aurait
probablement obtenu de meilleures conditions.
Elle était élégante, spirituelle et extraordinairement instruite. Elle déplorait amèrement la
guerre. Ah! me disait-elle, *la mémoire du Grand
Frédéric nous a perdus ; nous nous sommes crus*

pareils à lui, et nous ne le sommes pas. » (O
Méara , t. II , p. 119.)

WILKS. Colonel anglais ; gouverneur de Sainte-Hélène
pour la compagnie des Indes.

Le colonel Wilks a été long-temps l'agent diplomatique de la compagnie , dans la péninsule
indienne ; il a écrit une histoire de ces régions ,
a beaucoup de connaissances, surtout en chimie :
c'était donc un militaire, un littérateur, un di-
plomate, un chimiste. (*Las Cases*, t. III, p. 84.)

WURMSER. Feld-maréchal. Commandant les troupes autrichiennes en Italie dans la campagne de 1795. Il fut fait prisonnier dans Mantoue.

« Avant la capitulation (de Mantoue), Wurmser avait continué de m'appeler *jeune homme*. Il était très-âgé, brave comme un lion, mais tellement sourd, qu'il n'entendait pas autour de lui siffler les balles. » (*O' Méara*, t. II, p. 99.)

FIN.

www.ingramcontent.com/pod-product-compliance
Lightning Source LLC
LaVergne TN
LVHW020950050726
842519LV00001B/197